東大物理学者が教える「考える力」の鍛え方

想定外の時代を生き抜くためのヒント

上田正仁

PHP文庫

○本表紙図柄＝ロゼッタ・ストーン（大英博物館蔵）
○本表紙デザイン＋紋章＝上田晃郷

文庫版まえがき

誰しも「考える力」を身につけたいと思っていることでしょう。しかし、知識やスキルは学ぶことはできても、「考える力」を鍛える方法は皆目見当がつかないと考えておられる方が多いのではないでしょうか。そもそも、「考える力」が鍛えられるということ自体が一般には浸透していないのかもしれません。ところが、「考える力」だけでなく「創造力」さえも意識的な努力の積み重ねによってシステマティックに鍛えることができるのです。ではどうすればよいか。それが本書で読者の皆さんにお伝えしたい内容です。

本書の内容は、もともとは私が東京大学のフレッシュマンを対象に行った授業の内容を敷衍《ふえん》したものです。そのような授業を行った動機は、このようなアカデミックスキルが高校までの教育ではもちろんのこと、大学でもほとんど教えられていないという現状を少しでも改善したいということでした。

くしくも、次期学習指導要領では、「思考力・判断力・表現力等の育成」が予測が困難な未来を切り拓いていくために必要な力として一層重要視されるようになります。日本の初等中等教育のレベルがすでに世界トップのレベルにあることはよく知られていますが、そのような現状に甘んじることなく、日本の教育システムをさらに進化発展させるためにこれらの目標が設定されました。今話題の「アクティブラーニング」はまさにこれらの能力を身につける手段なのです。これらのうち、「判断力」と「表現力」を身につけるためには「思考力」が必要なので、「考える力」を鍛えることはこれからの社会を生き抜くためのまさに中心的課題であるといえます。

現在は、世界史が大きく書き換えられようとしている時代です。時々刻々変化する世界情勢の中で、資源が乏しく少子高齢化が急速に進行している日本が今後も繁栄を維持するためには、変化に対応できる人材を育てるしかありません。そのためには、しっかりとした「マニュアル力」の基礎の上に「考える力」と「創造力」を鍛える必要があります。その意味で、今まさに「考える力」を要求されている大学生だけでなく、自ら課題を見つける「創造力」を日々要求されている社会人の皆さんや、大学や社会でどんな力が必要とされているかを知りたいと思っている中高生のみなさんにも本書を活用していただければこれ以上の幸せはありません。

はじめに

大学は、学生がこれからの人生で直面するであろう試練を乗り越えるすべを身につけるための道場であると言えます。

入学時には不安や劣等感にさいなまれていた学生がふとしたきっかけでなぜ大きく成長できるのか、高校時代には抜群の成績を残してきた学生の多くがなぜ挫折感を味わうのか、また、そうならないためにはどうすればよいのか。私は仕事柄、このようなことを長年考え続けてきました。

大学に入学した学生を見ていると、彼らが不安にかられたり壁に突き当たるのには、一定の時期とパターンがあることに気づきます。最初は入学直後であり、その次が卒業して社会人になる、あるいは大学院に入学した時期です。

学生が入学直後に直面する戸惑いは、高校までのマニュアル的学習法、すなわち、一通りに答えが決まっている問題の解法を短期間に要領よく学ぶ勉強法から脱却して、急に同じテーマについて長く深く考えることが要求されるようになることにあります。

すなわち、**優秀さの尺度が「マニュアル力」から「考える力」へ突然変化するのです**。そのため、大学での勉強が急にむずかしく感じられるのです。

さらに、社会や大学院への入学後に直面する問題は、与えられた課題を解くことから自ら課題を見つけ、それを自らの方法で創造的に解決することを迫られることによって生じるものです。

この段階で、優秀さの尺度は「考える力」から「創造力」へと激変するのです。これもそれ以前の思考パターンからの大転換を迫られるものであり、その変化に多くの人がついていけず戸惑いを感じ、時にはパニックに陥ってしまいます。

これらはいずれも、要求される思考の質の変化が原因なので、それを克服するためには変化の本質を正しく理解したうえで、意識的に対応することが必要です。にもかかわらず、そのような体系的な教育はこれまでなされてこなかったというのが現実でしょう。

私は物理学が専門なので、「物理学の基礎方程式」に関する授業を行いますが、こうした問題を早い時期に学生に認識してもらうために、新入生に対する授業の初めには「人生の基礎方程式」と銘打って、学生がどんな時期にどんな困難に直面し、何が原因でそうなるのか、それをどう克服すればよいのかについての対話を行っています。

ここで対話と言ったのは、私がこのような話を30分もすると、1時間くらいの質疑応答が続くからです。受講する学生はどんどん増え、部屋はいつもいっぱいになってしまいます。

このことは、東大生といえども決して自信に満ちているわけではなく、ほとんどの学生が自分の将来に対する真剣な悩みや不安を抱いていることの表れだと言えるでしょう。周りの学生がみな優秀そうに見え、自分がこれからやっていけるのかと不安に感じている学生がほとんどなのです。そして、そのような不安や悩みは東大生だけのものではなく、学生や社会人一般にもそのまま当てはまると確信するようになりました。

また、これから大学を目指す高校生にも、大学や社会というところが「マニュアル力」で対応できる偏差値で測られるものとはまったく異なった世界であることを、あらかじめ知っておいてほしいと思います。

そのような心の準備をしておくことで、大学に入った途端やる気を失う五月病にならなくてすみますし、一見無味乾燥に思われる「マニュアル力」が、実は大学に入って必要とされる「考える力」を鍛えるために役に立つことも理解できるはずです。

私が働いている東京大学の大学院には、全国から（そして全世界から）優秀な学生が集まってきますが、入学直後から1年間が、そのような学生にとっていわば危機の時期にあたります。彼らは成績が良いだけでなく、むずかしい問題を深く考える力もあります。そのような学生が、そして、まじめな学生ほど博士号取得間際の先輩（5歳くらい年上です）を見て、ほとんど絶望に似た気持ちを抱いてしまうのです。

なぜでしょうか。それは、彼らが博士号を取る先輩に近づくためには与えられた課題を解くだけではなく、新たな問題を発見したり、独創的なアイデアを生み出さなければならないことに突然気づかされるからです。与えられた問題を解くことができても、新しい問題や独創的なアイデアを見つける方法は皆目見当がつかず絶望してしまうのです。

しかし、問題を発見し、アイデアを思いつくための着実な方法があるのです。この方法は地道な努力が必要ですが、努力することで自分独自の問題を確実に見つけることができます。

私はこれまで物理学者として、また教育に携わる者として、「考える」とはどういうことなのか、物事は本来どう考えるべきかということを考え続けてきました。考えるうえでの指針は何か、思考力を増強するためには日ごろからどんな工夫をすればよいか、独自なアイデアを思いつくためのシステマティックな方法はないのか――。

長い間このような思索を積み重ねて、また、それを実際に学生の教育にあてはめながら試行錯誤を繰り返してきた結果、私はそのような過程で得られたノウハウが、学生の教育や研究以外の対象にも広く当てはまることに気づきました。

現在、経済情勢、政治状況、国際関係など、日本を取り巻くあらゆる状況が劇的に変化しつつあります。このような想定外の時代の変化に適応するために、自らの頭脳をいかに鍛えていくべきか、本書がそのためのヒントになれば幸いです。

上田正仁

2013年6月

東大物理学者が教える「考える力」の鍛え方◎目次

［第1講］

「問題を見つける力」を身につける！

［第2講］「解く力」を身につける！

［第3講］「諦めない人間力」を身につける！

［第4講］

考えることは、創造すること

［予講］

「考える力」とは何か

「考える」能力は「頭の良さ」と同じではありません

「考える」ということについて、考えてみたことはありますか。

私たちは一般的に、学校の成績が優秀であったり、試験で高得点を挙げる人を「頭が良い」と言います。こうした能力はたしかに「頭の良さ」の1つの側面ではありますが、それは実社会で求められる能力のごく一部に過ぎません。

たとえば、今まで誰も解けなかった問題を解決する。市場にこれまで存在しなかった画期的な商品を思いつく。想定外の出来事が起こったときに、的確な対応策を考え出す……。このような**新しいアイデアを思いつくためには、「考える力」が不可欠**です。しかし、この能力は試験問題を解かせるだけでは測ることができません。別種の力だからです。

本書で取りあげる「考える力」はまさに、このような能力です。

歴史上、最も偉大な天才と呼ばれる物理学者アインシュタイン博士は、こんな発言をしています。

"It's not that I'm so smart; it's just that I stay with problems longer."（私はすごく頭が良いわけではなく、ただ、人よりも長い時間、問題と向き合っているだけだ）

"I have no special talent. I am only passionately curious."（私に特別な才能などない。ただ、情熱的と言えるほどに好奇心が旺盛なのだ）

アインシュタインは自ら「頭が良いわけではない」と言っているのです。信じられますか？　この言葉は決して謙遜ではなく、彼の本心だと得心することから深い教訓が得られます。

若いころのアインシュタインは、いわゆる万能型の秀才ではありませんでした。大学受験に一度失敗し、物理学者を志していたにもかかわらず、「才能がない」と教授から烙印《らくいん》を押され、助手として大学に残ることもできなかったのです。就活でも苦労し、友人のコネで特許局に勤めるまでは、家庭教師などさまざまなアルバイトをして生計を立てていました。

普通だったら、この時点で研究者になることは諦《あきら》めていたと思います。しかし、アインシュタインは諦めずに研究を続けたのです。

彼が世間に認められたのは、大学ではなく特許局に勤めていたときです。1905年、彼は5つの論文を発表します。これらの論文で提唱された「光量子仮説」「ブラウン運動理論」「特殊相対性理論」といったアイデアは、いずれもノーベル賞に値する画期的な発見でした。今では、この1905年は物理学史上の「奇跡の年」と呼ばれていますが、特殊相対性理論の論文を書いたときのアインシュタインは、まだ物理学博士ですらなかったのです。

受験に失敗し、大学にも残れず、就活でも苦労し、教授から「才能がない」とまで言われた若者が、どうして世紀の大発見をすることができたのでしょうか。

その一方で、こんなケースがあります。
学校では成績優秀で、受験戦争にも勝ち抜き、偏差値の高い大学に進んだ。そんな優秀な学生が社会に出た途端、とりたてて特徴のない凡庸な社会人になってしまう。あるいは、学生のころまでは周りから天才とみなされていた人が、独自の研究成果を出せずに終わってしまう。このような例は、残念ながら珍しくはありません。

他方、学生のころまでは成績も凡庸で、特に目立った特長のなかった学生が社会で大活躍したり、研究で大きな業績をあげることもよくあることなのです。

この両者の違いを生み出すものは何か、このことを理解するキーワードが「考える力」、そして、「諦めない人間力」なのです。

アインシュタインは、学業では必ずしもよい成績を修めることができませんでした。しかし、彼には本当の意味での「考える力」があったのです。また、普通の人なら諦めてしまうような困難な状況に直面しても、決して諦めませんでした。

「学業成績」と「考える力」――。**この二つは似て非なるもの**なのです。そして、大きな仕事を成し遂げるためには、諦めずに最後までやり遂げようと思う人間力が必要なのです。

「考える」という行為は、外部からは進み具合や成果が見えづらい

改めて「考える」という行為について、考えてみましょう。

発見やアイデアは、すべて「考える」というプロセスから生まれます。画期的なアイデアを得るためには、1つのことを長く、深く考え続けることが必要です。問題はどうしたらそれができるかということです。

関心のある問題なら考え続けることができるかもしれませんが、そうでない場合にはどうすればよいのでしょうか。本書では意識を問題の核心へと集中し

ていくノウハウについて述べていきたいと思います。

私が専門としている理論物理学は、考えることがすべての学問だといっても過言ではありません。そのためでしょうか、理論物理学者はとても不思議で奇妙な存在に思われているようです。理論物理学者としての私は、白衣を着て実験することはなく、同僚や学生と議論をし、論文を読み、日々思索し計算をしています。講義の準備も、教えるべき題材を整理し、自らの観点から再構成し、それをいかに分かりやすく学生に伝えるかを考えることが中心です。

講義では、一方通行にならないように、学生との対話が成立するように留意しています。講義が一方通行になると、学生は受け身になります。他方、対話が成立すると、学生が自ら考えるようになり、対話を通じて講義で伝えたいことの理解が深まるのです。もちろん、私も学生の質問から多くのことを学ぶことができます。**知的な対話は、なによりも双方の思考を刺激してくれる楽しいものです。**

国内や外国の学会でも、休み時間だけでなく、食事の時間も物理の議論に明け暮れています。それだけ物理の議論が楽しくて仕方ないのです。もちろん教授職として、委員会に出席したり、日常の業務なども少なからずありますが、それらは淡々とこなして、なるべく思索や学生との対話の時間を確保するようにしています。

このように、「考えること」は私の生活のほとんどすべてを占めています。理論物理学者の生活は多かれ少なかれ、そのようなものでしょう。

しかし、この「思索」の中身を知っているのは、本人だけです。どれだけ素晴らしい思索を進めていても、周りからその内容を窺《うかが》い知ることはできません。研究会で発表したり論文として発表するまで、その成果は頭や研究ノートの中にしか存在しないのです。

そのため、周りからは「何もしていない」ように見えてしまう可能性があります。しかし、頭の中ではもしかしたら世の中を一変させるようなひらめきが生まれようとしているかもしれないのです。

実際、アインシュタインも1905年に発表される論文に至るアイデアは、

■アイデアは「考える」プロセスから生まれる

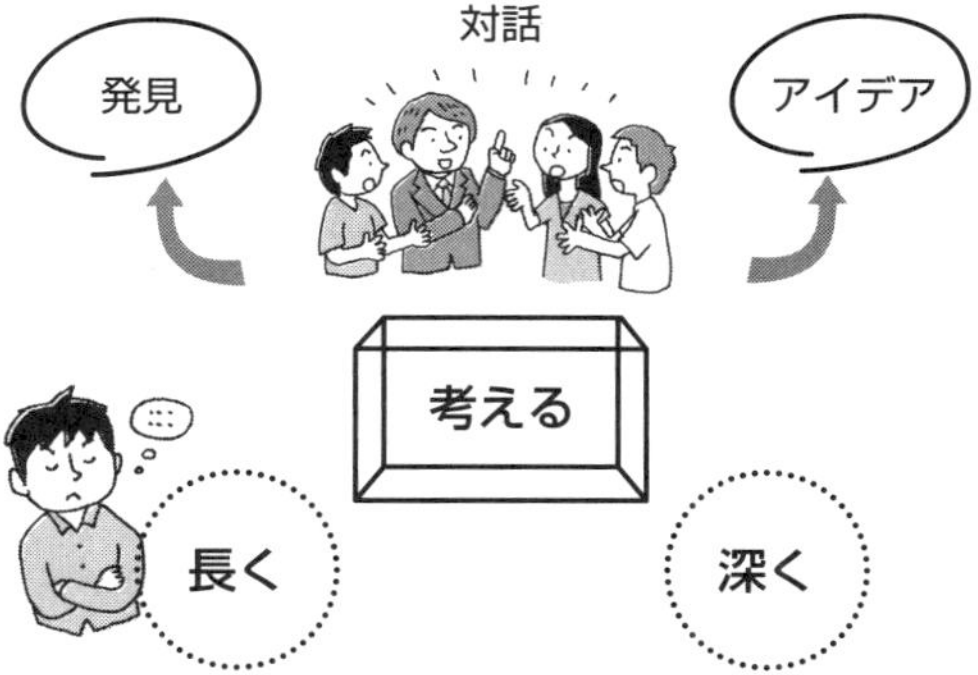

ずいぶん前から頭の中にあったと言われています。周りからは才能がないと思われていた劣等生の脳内で、とてつもない素晴らしい思索が進行していたのです。

アインシュタインだけではありません。私が身近に接している尊敬すべき同僚にも、学生時代の成績が芳《かんば》しくなかったという例が少なくありません。ノーベル物理学賞を受賞した小柴昌俊先生は、学年でビリの成績だったとよく話しておられます。何を隠そう、私自身も例外ではありません。大学の物理学科に進学したときの成績は、下から数えたほうが早いぐらいでした。

つまり、「考える力」は学業成績ではほんの一部しか測ることができないのです。ましてや、大きな仕事を成し遂げるために不可欠な「諦めない人間力」は、ペーパー試験で測ることはとうてい不可能です。

試験ですぐに成果が見える「マニュアル力」

世間一般では、学歴を「頭の良さ」の目安にすることがやはり多いでしょう。学歴は、教育機関での成績、そして入試などの試験の結果といえます。現在の学校教育や受験勉強では特に、「試験」が大きな位置を占めています。学歴社会を勝ち抜くためには、試験でよい成績をとることが求められるのです。

試験でよい点数を獲得するために必要な能力とは何でしょうか。それは「限られた試験時間内で、できる限り多くの正解にたどり着く能力」だと言えます。テレビのクイズ番組で試される能力と非常によく似ている力だと言えるでしょう。

このような能力に秀でていると、学歴は高くなります。私が籍を置く東京大学には、学力の点で「頭の良い」学生が全国からたくさん集まってきています。彼らはみな受験勉強で優秀な成績を挙げた精鋭たちです。

ところが、彼らのすべてが学問の世界で新たな発見を遂げたり、社会に出てイノベーティブな仕事をしたり、リーダーシップを発揮するかというと、そういうわけではありません。それどころか、社会に飛び出した途端、試験以外で優劣が決まる新しい世界に放り出され、戸惑ってしまうケースが少なくないのです。

もちろん、なかには教員も舌を巻くような創造性豊かな学生もいます。しかし、そんな彼らも、受験勉強のおかげで創造性が高められたとは思えません。むしろ受験勉強を経験したにもかかわらず、創造性を失わなかったといったほうが真実に近いでしょう。創造性の豊かな学生に共通している点は、受験勉強を無視したわけではなかったけれど、特に重視する必要性もなかったという心理的余裕を持っていることです。

逆に、高校時代にどんなに成績がよくても、受験勉強の心理的負担が大きすぎると、大学に入った途端に息切れして目標を失い、五月病になってしまいがちです。本当の学問は大学に入ってから始まるということを考えると、このような現状は嘆かわしいものだと言わざるを得ません。

とはいえ、私は受験勉強を意味のないものだと言っているわけではありません。受験勉強で養われるマニュアル的能力は実社会においてもしばしば必要とされます。

ただし、その能力だけでは、創造性を発揮し、新しい何かを生み出すことができないのも事実なのです。

受験勉強で鍛えることができるのは、課題として要求される知識やスキルを効率よく身につける「マニュアル力」です。この能力を鍛えることは、たしかに意味のあることです。私のいう**「考える力」を身につけるための基礎力になりますし、創造力を発揮するための土台**にもなります。

■「マニュアル力」は「考える力」と「創造力」の土台になる

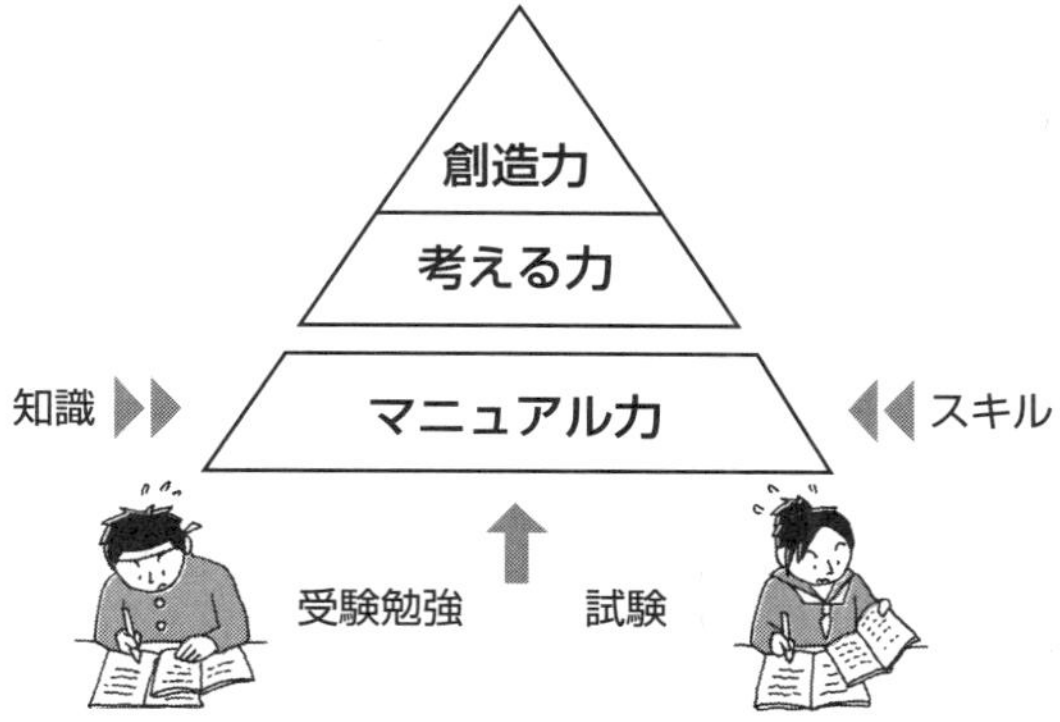

しかし、その一方で過度な受験勉強が、創造力を奪ってしまうケースも少なくありません。その理由は、心理的な負担だけではなく、創造性を妨げる先入観、とりわけ思考をパターン化し、一通りに決まった「正解」が存在するという固定観念を植えつけてしまうことにあります。

そのような先入観を植え付けてしまう本質的な原因は、学生たちが解いている試験問題の性質にあります。彼らが取り組む問題には、最初から一種類だけの「答え」が用意されています。このことが「問題には必ず一通りに決まった正解がある」という固定観念を植えつけてしまい、正解のない問題に取り組む勇気と想像力を奪ってしまうのです。

ところが、人生の悩みのほとんどは、正解などは存在せず、それに対して自分なりの答えを見出さなくてはなりません。クリエイティブな能力が要求される実社会の問題も、そのような性質のものがほとんどです。

皆さんは驚かれるかもしれませんが、自然を対象にする物理学の最も根源的な問題も、実はそのような性格を持っているのです。つまり、正解はおろか、誰も問題にすらしなかったところに問題を発見し、その問題に対して以前には存在すらしなかった答えを創造する学問なのです。アインシュタインは、すべての人にとって時計は同じペースで進むという常識を疑い、そこから相対性理論を創造したのです。

試験問題には必ず出題者がいます。出題者が用意する問題には必ず意図があり、それに対応したたった1つの答えしかありません。これは知識の正確さ、必要とされるスキルが身についているか、正しい手順で答えにたどり着けるかを判定するためです。ほとんどすべての試験問題は、こうした意図に沿ってつくられています。

しかし、自然現象を対象とする物理学では、複雑な自然現象の中からまず問題を見つけなければなりません。その問題は、同じ条件下で実験をすると毎回同じ結果が現れるという再現性として我々の前に現れます。

ある特定の現象がある条件下でなぜ再現されるのかを解明するためには、まずその現象の背後にある法則を発見しなければなりません。もし、自然の意図というものがあるとすれば、それはここで発見されるべき法則なのです。

試験問題の場合は、出題者が意図を解説してくれますが、自然は黙して語らずです。問題を発見するだけでなく、答えも自分で創造しなければならないのです。

ところが、試験で好成績を収めようとする受験生は、自然に「知識」と「マニュアル通りに正解にたどり着く能力」ばかりを鍛えることになってしまいます。過去問を類型化して「傾向と対策」を立てることができるのも、明確な意図と一通りに決まった解答が常に用意されている入試問題特有の性質のおかげなのです。

また、試験には制限時間があります。受験生が良い成績を収めるためには、決められた時間内にできるだけ多くの問題を解答することが求められます。入学試験において長時間考えこむのは致命的です。

ある塾や予備校では、1問あたりにかける時間を、最大でも3分（中学受験）、10分（高校受験）、30分（大学受験）にすることを推奨しているそうです。それでダメならその問題は捨てて、次へいけというわけですね。これは実際の受験では必要なノウハウです。しかし、普段からそのような勉強をしていると、問題にじっくり取り組む習慣が身につかず、長時間集中的に考える脳の訓練ができません。

つまり、入試に合格するための必須のテクニックが、考える力を鍛えるうえでマイナスになってしまうのです。

本書では、このような「答えが一通りに決まっている問題を与えられた時間内に効率よく解く能力」、あるいは「ある課題をルールやマニュアルに従って、てきぱきと処理する能力」を「マニュアル力」と呼ぶことにします。

社会のなかで「マニュアル力」が活かせる場面は限られている

マニュアル力は、「答えがある」「正しい手順が決まっている」という場面では素晴らしい威力を発揮します。こうした条件が満たされているシチュエーションでは、マニュアル力の高い人は、誰よりも効率よく成果をあげることができるでしょう。ところが、学問の世界や実社会に出ると、こうした場面は限られてしまいます。

たとえば、営業活動。お得意さん回りならば、先輩や上司から引き継いだ知識や慣習で対応できます。このような局面では、マニュアル力の優れた人が顧客に安心感と信頼を与え、優秀だと見なされます。

ところが、新たな顧客開拓、新規プロジェクトへの賛同を得るといった局面ではどうでしょうか。ここでは、マニュアル力だけでは済まない企画力や創造性、相手を説得するコミュニケーション力が必要になってきます。さらに不測の事態が起きたときには、杓子定規なルールはむしろ邪魔になってしまうことさえあります。

商品開発ならば、他の人が気づかないことを思いつく創造力が重要で、これなしでは多くの人々に支持されるサービス・製品は生み出せません。こうした製品を次々に世に送り出したアップルの創業者、スティーブ・ジョブズがスタンフォード大学卒業式で学生たちに贈った言葉は、"Stay hungry, stay foolish."でした。貪欲《どんよく》で愚直に夢に立ち向かうことで、マニュアルにこだわらない斬新な発想や世間の常識にとらわれないアイデアが生まれ、新しいモノを創り出すきっかけになるのです。

特定の顧客のニーズに応えるためにはマニュアル力で足りるかもしれませんが、大きなマーケットを開拓するには顧客がまだ意識すらしていないニーズを創造する必要があるのです。

ビジネスだけではありません。学問の世界も同じです。新しい発見をするためには、明確な「答え」や「正解にたどり着くマニュアル」のない未知の荒野に勇気と好奇心を持って踏み出さなくてはならないのです。

マニュアル力はたしかに社会においても有効ではありますが、それだけで優位に立てる場面は限られています。**マニュアル力に優れた人が高く評価されるのは、ルールや枠組みがはっきりしている「想定内」の世界**です。しかし、**この能力だけではイノベーションを生み出すことはできません。**それどころか、「すぐに答えが出ない問題にとりかかるのは非効率だ」として、イノベーションにつながる方向への努力を無意識に避けてしまうことも多いのです。一生懸命受験勉強をした結果、そのような姿勢が身についてしまうケースは決して少なくありません。

私は、たとえ非効率に見えても「考える」ことでしか生み出せない価値、発見は無限にあると考えています。もしマニュアル力にだけ頼っていたら、自分自身が潜在的に持っている可能性を眠らせてしまうことにもなりかねないのです。

今必要なのは、「自ら考え、創造する力」

今、日本は「創造性の時代」に入った、と私は感じています。

高度経済成長を経て、この国では日常生活や社会活動を営むためのシステムが整備されてきました。その結果、たいていのことは定められたマニュアルに従うか、前例を参考にすれば解決できる、いわば「マニュアルの時代」に突入しました。このような社会では、前例を重んじ、マニュアルとルールをきちんと学ぶことで、効率良く生き抜くことができます。マニュアルを逸脱することは非効率なことだったのです。

しかし、現在の日本では、経済・政治・医療・産業などあらゆる分野で、これまでのマニュアルでは解決できない問題が山積しています。マニュアルが古くなってしまったのです。こうした時代に、従来のシステムやルールに拘泥《こうでい》するのはむしろ非効率です。

マニュアルだけでは乗り切れない新しい社会の状況に対応するためには、本当の意味での「考える力」を鍛え、「創造する力」を身につけることが必要です。

ここでいう「考える力」とは、単に与えられた問題を解く能力ではありません。他の人が疑問に感じないところ、常識と考えているところに問題点を見出し、根本にまでさかのぼって問題の本質を突き止める能力です。諦めずに考え続けることができる能力と言ってもいいかもしれません。このような能力は、30分考えても分からなければ次の問題に移れという訓練をしていると身につかないことが分かりますね。それとは逆に、納得がいくまでとことん考え続ける粘り強さが必要なのです。

さて、そのようにして根本にまでさかのぼった問題には、あらかじめ用意された一通りに決まった答えなどありません。この時点では、答えは存在しないのです。この答えのないところにあなた独自の答えを編み出すことができる能力こそが、ここでいう「創造する力」なのです。「創造する力」を持った2人の人が同じ問題に取り組むと、二通りの「正解」が生まれるという点がポイントです。ファッションデザイナーを想像すると分かりやすいかもしれません。

つまり、本書で議論する**「考える力」とは問題の本質を見極める力であり、「創造する力」とはほかの人が意識していない問題を見出しそれを独自の方法で解決に至るまでやり遂げる能力**です。アインシュタインに備わっていたのは、これら2つの力なのです。

そんな芸当は、アインシュタインのような生まれつきの天才だけができることだと思われるかもしれません。しかし、そうではないのです。私のこれまでの教育経験から、「考える力」と「創造する力」は、意識的な訓練をすることによってだれでも身につけることができると断言できます。

「考える力」は「マニュアル力」の基礎の上に成り立ち、「創造する力」は

「考える力」がなくては成立しません。特に、「考える力」と「創造する力」は表裏一体の能力なので、これらをまとめて議論するときには「自ら考え、創造する力」ということにします。

「自ら考え、創造する力」は3つの要素からなる

さて、「自ら考え、創造する力」は、大きく3つの力に分解することができます。

1つめは、**「問題を見つける力」**。他の人は誰も疑問に感じないところ、常識だと考えられているところに問題点を見出す能力です。

2つめは、**「解く力」**。自ら創造した課題に取り組み、克服すべき問題点を整理・分析・分解し、答えに至る能力です。

3つめは、**「諦めない人間力」**。目に見える成果が出なくても、諦めず、根本

■「自ら考え、創造する力」を生み出す３つの要素

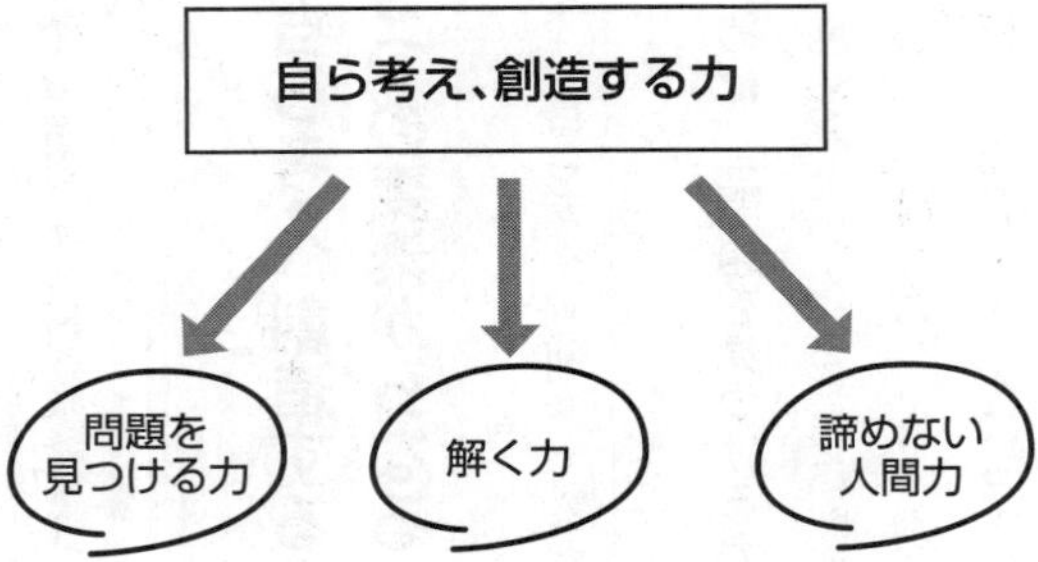

的な解決・答えを見つけ出すまで粘り強く考え続ける能力です。

本書で述べるように、**これらの３つの力は意識的な努力を積み重ねることによって鍛えることができます。**

私が自ら問題を見つけ、それを解決することの感動を初めて味わったのは、最初の論文を書いた24歳のときでした。きっかけは、光の二重性を示す実験を知ったことです。光には波動と粒子という異なった２つの性質（二重性）があることが古くから知られており、この不思議な性質について、物理学の分野でも多くの研究者が膨大な研究を積み重ねてきました。

20世紀に登場した量子力学によってそれ以前には波だと考えられていた光が、光子と呼ばれる最小単位をもち、粒子のようにも振る舞うということが明らかになりました（この発見者もアインシュタインです！）。

実際、光を光電子増倍管という極めて感度のいい検出器で観測すると、光は一度に一個ずつ、あたかも粒子のようにエネルギーの塊として検出されます。しかし、私は光子が一個ずつ検出される実験が、当時の理論で十分に記述できているようには思えなかったのです。

この問題は、物理学の分野で「測定の問題」と呼ばれる、困難かつ微妙な問題でした。そのため、当時はこのような問題に取り組むことは「生産的ではない」とみなされていました。しかし、私はたとえ他人がどう思っても、自分が納得いくまでこの問題を理解したいと思ったのです。

それからさまざまな論文を読み漁《あさ》る日々が始まりました。そして「何が分かっていないのか」を理解するのに1年かかりました。光源からやってくる光子を一個一個連続的に測定することを記述する理論がなかったのです。そのような理論をつくることが、私が分からないことを理解するために必要だと分かったのです。

これが、先ほどの3つのうちの「問題を見つける力」に関わる部分です。心にぼんやりとした疑問があってもそれをうまく表現できない、そのギャップが「何が分かっていないのか分からない」状態なのだと思います。

それを理解するために、私はいろいろな文献を読みながら「すでに分かっていること」の整理をはじめたのです。文献を読んで、それを自分で咀嚼《そしゃく》してノートにまとめる。また、いくつかの文献で得られた成果の関連を考察する。このような作業を続けていく過程で、まだ分かっていないことの輪郭がはっきりとしてきたのです。いわば大きな地図を描いてそこに分かっているところを色分けしていくと、分かっていないことの全体像が浮かび上がってくるというわけです。この経験が、後に述べる「地図メソッド」につながりました。

こうして問題は見つかったのですが、それをどう解けばよいのかは皆目見当がつきません。さらにいろいろな文献を読みながら、さまざまな試行錯誤を繰り返し、答えが見つかるまでにさらに1年の月日を要しました。そして、最終的な答えが分かったのは、なんと眠っていたときでした。問題解決につながるアイデアは、夢の中で生まれたのです。

あの興奮は、今でもはっきり覚えています。解かなければならない問題は煮詰まっていたのですが、それをどう解けばよいのかが分からず、試行錯誤を繰り返す日々が続いていました。ところがある夜、夢の中でアイデアが生まれ、はっと気づいて、飛び起きて計算をしました。そこで初めて最終的な解決に到達したのです。数限りない試行錯誤を重ねた末にたどり着いた喜びは、本当に大きなものでした。

この感動が、その後の研究人生でさらに困難な問題に取り組む勇気と自信を私に与えてくれたといっても過言ではありません。長い思考の末にたどり着いた発見の喜びは、本当に感動的なものです。その喜びをひとたび経験すれば、「考え続けること」が決して苦痛ではないことが分かるでしょう。長く考え続けることで答えにたどり着く経験は、スポーツでたっぷりと汗を流した後のような爽快感と精神的な深い満足感を与えてくれるものなのです。

みなさんにもぜひ、この感動を味わってほしいと思います。先ほども述べたように、私は特別な才能をもった人間ではありません。そのことを深く自覚しているからこそ、普通の人間がどうしたら考える力を身につけ、創造的な仕事ができるか、その方法論を見つけることができたのです。

きちんと「考える」ことで、潜在的な問題意識を引き出せ

社会人の方は、もしかしたら「そんなにゆっくりモノを考える時間なんてつくれない。そんな暇はないよ」とおっしゃるかもしれません。しかし、私たちは無意識のうちに、さまざまな物事に興味を持ち、疑問を感じ、なんとなく思考をめぐらせています。これはあきらかに「考えている」のです。

ただ残念ながら、こうした思考の大半は漠然とした思いのまま、すぐに記憶

の彼方《かなた》に消え去ってしまいます。ときどき「これはおもしろい。あとできちんと考えてみよう」と思っても、そのまま放っておくことがほとんどです。もしくは、ウィキペディアあたりをさっとチェックして、なんとなく分かったような気分で満足してしまっていませんか。

でも、もしあなたが頭に浮かんだ好奇心や疑問に対して、そのつど真正面から向き合ったらどうでしょう。もしかしたら、これまで想像もしなかった素晴らしいアイデアが生まれるような予感がしませんか。**考えることは時間の多寡の問題ではありません。むしろ普段の心がけ次第で考える力はアップする**のです。

また、学業成績の良し悪しもあまり関係ありません。新しいモノ、画期的なアイデア、これまで誰も気づかなかった真実……。これらはマニュアル力では導き出せないものだからです。本当に必要なのは、これらを実現したいと願う強い思いと、それを一歩一歩実現していくための実践的な方法です。

本書では、私自身がこれまで実践し、また、学生を指導してきた経験をベースに、考える力を「問題を見つける力」「解く力」「諦めない人間力」に分け、それぞれの能力を高めるためのノウハウやコツ、考え方を紹介していきます。

これら3つの力は生まれつきでも頭の良さでもなく、意識的な訓練によって鍛えることができるのです。これら3つの力を鍛えることによって次第に考える力が養われ、創造力が飛躍的に伸びることをぜひ実感していただきたいと思います。

これらを実践するうえでキーワードとなるのは、「捨てる」ことです。これはアインシュタインの次の言葉と一脈通じています。

“Education is what remains after one has forgotten what one has learned in school.”（学んだことを忘れてしまったあとに残るものこそが教育である）

学んだことはすぐに忘れてしまいます。**大切なのは、学んだ「知識」ではなく、学ぶことを通じて身につける「知恵」**なのです。

その実践法として、本書では情報を集め、整理し、要点を理解したら、集めたものをすべて捨てることを提案しています。この作業を通じて、知識ではなく知恵を身につけていくことこそが、考える力を身につけ創造力を高める極意だからです。

では、実践に移りましょう。

［第1講］

「問題を見つける力」を身につける！

まず、「問題を見つける力」を養おう

この講ではまず、「考える力」を鍛える第一歩として、「問題を見つける力」を養う方法をお話しします。

「考える力」というと、「問題を解く力」のことを連想される方が多いかもしれません。しかし、研究の現場や実社会では、解く力よりも「問題を見つける力」のほうがしばしば重要になります。

ところが、この問題を見つける能力を鍛える訓練は、受験勉強からスッポリと抜け落ちている部分なのです。受験勉強では、出題者から与えられた問題を解く能力（＝マニュアル力）を磨くことが重要視されるからです。多くの優秀な学生が実社会に出た途端「他人に言われる前に自分で考えてやれ」と言われて、どうしてよいか分からず途方に暮れるケースがよくあるのはそのためで

す。

実社会に出ると、自分が取り組むべき課題や問題を見つけてくれる親切な「出題者」がいつもいるとは限りません。むしろビジネスの世界で高く評価されるのは、やるべき課題（問題）を自ら見つけられるような人材です。逆に、人から言われたことをこなすだけの人は、いくら優秀であっても「指示待ち族」などと言われてしまいます。

これは学問の世界においても同じです。問題を解くことも大切ですが、みんなが当たり前と考えていたところに思いもよらない現象や法則を見出す研究のほうが、より高く評価されるのです。これがいわゆる「発見」と呼ばれるものです。

しかし、大学ですらこの「問題を発見する能力」が本格的に要求されるのは大学院の博士課程からで、修士課程までは教員から与えられた課題を「解く」仕事をする場合がほとんどです。大学では、通常、学部の4年間のコースを修了した人に学士という学位が与えられ、大学院の最初の2年間のコースを終了すると修士の学位が、そして、それに続く3年間の研究をやり遂げた人に博士という学位が与えられます。

博士課程では、研究課題も自分で見つけることが要求されます。自分で問題を見つけ、その解決にまで至った人にだけ博士の学位が授与されるのです。私は学部に入学してから博士の学位をとるまでの学生の成長を長年見てきましたが、自分で問題を見つける作業を経験した前と後では、同じ人とは思えないくらい実力と自信に差が見られます。大学院に入学したての学生はたいてい、博士を取った、あるいは取る直前の先輩の自信に満ちた言動に圧倒され、現在の自分との落差に愕然《がくぜん》とします。自分で苦労して問題を見つけ、それを解決するまでやり遂げた人は精神的にもそれだけ成長しているのだと言えます。

ちなみに、産業構造の変化に対応することができている一流企業の研究開発部門に博士の学位を取った人の割合が高いのは、納得のいくことです。博士の学位を取った学生を研究開発部門に多く配置するという任用形態は欧米では常識になっていますが、日本では博士ではなく、（使いやすいという理由で）修士卒の学生を採用する慣習が今でも主流です。

このようなリクルート方針は、日本が欧米に追いつくまでの段階では解くべき課題が比較的明らかであったために、有効に機能しました。しかし、日本が欧米諸国に追いつき、アジアの他の国に追いかけられる立場になると、自ら新しい課題を見つけ、新たな価値を創造できないとビジネスが立ち行かなくなります。現在、日本のお家芸ともいえる多くの産業が衰退しつつある原因は、「問題発見型」に適した博士の学位を取得した人材のリクルートを怠《おこた》っていたことと無関係ではないはずです。

ビジネス、学問、いずれも**成功の鍵を握っているのは、「問題を見つける能力」**なのです。とはいえ、学生の立場からすれば、これは突然のルール変更と同じようなものです。

大学に入るまでは「問題を解く」能力が評価され、大学を出た途端「問題を見つける」能力が評価される。想定外の世界に放り出されたも同然です。それまで与えられた課題をまじめにこなしてきた成績優秀な学生ほど、戸惑ってしまうのです。

では、このギャップを埋めるにはどうすればよいのでしょうか。脳の思考回路を組み直さなければならないので、容易なことではありません。その**第一歩は、日ごろから疑問を大切にする習慣の大切さを理解し、それを身につけること**です。

私が大学で実践していることを紹介しましょう。まず、講義では多くの時間を質疑応答といった学生との対話にあてるようにしています。大学の講義は教員から学生への一方通行になりがちなので、学生も最初はそのような（一方通行の）講義が始まるものと考えています。当然、質問もあまり出ず、質問をすると講義の進行を遅らせ、他の生徒に迷惑がかかると考える人すらいます。この日本人特有のメンタリティを改めさせることが、脳の思考回路を組みなおす第一歩となります。

そこで私は、講義の冒頭に「この講義は対話形式にします」と宣言し、どんな小さな疑問や質問も他の学生の理解の助けになるので、遠慮せずに発言してほしいと伝えます。そして、学生が質問しやすい雰囲気にして、自ら疑問を発するような環境をつくります。自分の質問が個人的なものにとどまらず、クラスの他の人の理解にも役に立つと認識することで、学生たちは気兼ねなく質問するようになり、その質問内容も次第に変化していきます。はじめは分からないこと・知らないことが中心ですが、やがて講義の内容から連想した自らの疑問や考えを披露し、問題提起すら行うようになるのです。

こうなると講義は一方通行ではなくなり、学生との対話が始まります。教員と学生たちが自由に意見交換するなかで、思いもよらなかったような斬新な角度から講義のテーマについて考えられるようになるのです。こうすることで、学生は講義で教わる内容を超えて、自分が疑問に感じることをあれこれと自分で調べるようになります。これが**脳の思考回路を受け身のマニュアル型から、自ら考える疑問発露型へと変えていくきっかけ**になるのです。

ただ、講義では多数の学生を相手とし、時間の制約もあるため、疑問を自らの問題へと発展させるのにはおのずと限界があります。次の段階へ進むためには、少人数セミナーが役に立ちます。少人数のセミナーの場合は、もう少し突っ込んだ「対話」が可能になります。

ここで、私は講義の時よりもいっそう聞き役に回り、学生同士が互いに議論する場の雰囲気づくりに徹します。セミナーの最初に、これは自ら疑問を発し、お互いが意見交換をすることによって問題を解決したり、アイデアを出しあい、それを発展させるための頭の訓練の場であることを伝えます。また、そのようなスキルが社会に出たときに非常に重要であることを説明します。

そうすることで学生は積極的に発言することの意義と必要性を理解し、自発的に発言するようになります。私は基本的には話をじっと聞いて、議論が大きくそれてしまった場合にだけ、「これは本来、何のための議論であるか」と問うことで学生たちの意識を本筋へと引きもどすかじ取り役をします。

このような訓練を通じて、自ら考え意見を発信することができるように学生の意識を少しずつ変えていくのです。

研究室に所属する大学院生に対しては、「考える力」を鍛えるための本格的な訓練を行います。研究室に入ってきた大学院生に私が与える**最初の課題は、自らやりたいテーマを自分で見つけるということ**です。大学院生は普通、教授から与えられた比較的小さな研究テーマに取り組むところから研究の訓練を始めるのですが、それでは学生の意識は問題を解くことに偏ってしまいます。そこで、私は学生に自分が本当に取り組みたい研究テーマを自分で発掘するよう提案するのです。

そのように言われると、学生は喜ぶと同時にどうしてよいのか分からず、途方に暮れてしまいます。そこで、ここでも対話の手法を活用するのです。学生はやりたいことのイメージを漠然とは持っているのですが、具体的なイメージはまだ持っていません。そこで、**対話を通じて漠然としたイメージを具体的なイメージへと発展させる手助けをする**のです。ここでも、私は原則として聞き役に回り、学生が言わんとしていることを理解しようと努めます。

私は研究上の経験は学生よりもあるので、ぼんやりとした話を聞いてもそれによって学生がどういう方向に向かいたいのかということは把握できます。ただし、その場合も私が理解したことを直接言うのではなく、それを学生自身が発見できるようなヒントを出すのです。

具体的には、学生の理解がさらに深まるような適切な文献をまず読んでもらいます。こうすると、学生は自らの意思で意欲的に文献を読むので、研究テーマに対する問題意識も次第に深まっていきます。そのうえで、学生が研究テーマを自分で見つけられるまでこのような作業を繰り返すのです。

これは大変時間のかかるものですが、当事者である学生自身に研究テーマを発掘しているという意識が育つので、「考える力」が実践的に鍛えられます。

会社の企画会議においても、こうした「対話」を重んじる雰囲気づくりは、**参加者が問題意識を共有し、アイデアを引き出すうえでとても有効**です。フレッシュマンが物おじせずに素直な疑問をぶつけ、リーダーがそれを真剣に聞く姿勢を見せることで、メンバー全員がそれぞれ独自の視点から共通のテーマを多角的に検討するという雰囲気が生まれるのです。

もしあなたが一人であるテーマについて考えているときには、自己と対話を

■ 脳の思考回路を変える

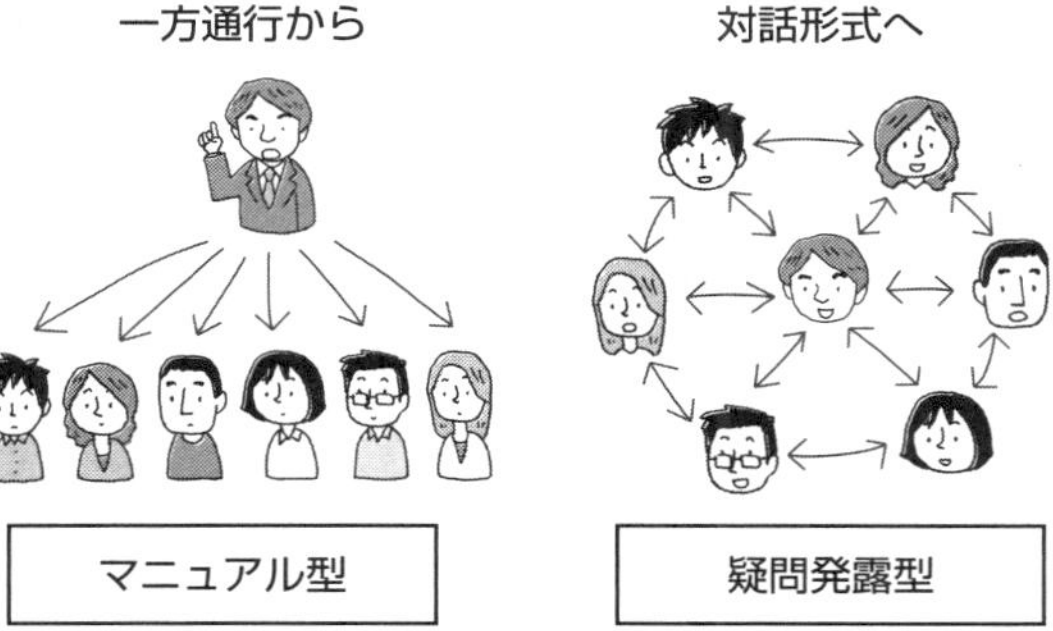

してみてください。そのために、心に浮かんだ疑問点やふと思ったことをノートに書き留めておきましょう。そして、それについて考えたことや調べたことの要点を書き加えていくのです。このような作業を通じて、自分自身との対話が生まれ、それを繰り返し、深化させていく過程で核心的な問題点が次第に浮かび上がってくるのです。

「問題を見つける力」を身につける極意は、人との対話、あるいは、自分との対話の積み重ねを通じて問題意識を煮詰めていくことなのです。

何気なく考えていることの中から、問題の種を見つけ出す

「問題」は、学問の世界にだけ存在するわけではありません。何気ない日常生活のなかにも「考えるべき問題」は無数に存在しています。

たとえば、木からリンゴが落ちるのはごく当たり前の光景ですね。ほとんどの人はそのことに疑問を抱くことはありません。ましてや、そこに重大な問題が隠れているなんて、普通は思わないでしょう。しかしみなさんもご存知の通り、ニュートンはこのありふれた現象をヒントにして「すべてのものはお互いに引き合っている」という仮説を立て、万有引力の法則を発見したと言われています。

実はこの話の真偽は定かではないのですが、身の回りのありふれた現象に大発見の種が隠されていることの逸話としては興味深いです。

私たちが暮らすこの世界には、まだ多くの謎、誰も取り組んでいない問題が無数にあります。そのなかには、もっともらしい答えが何通りもあったり、逆に本当に答えがあるかどうかすら分からないものも数多くあります。木から落ちるリンゴの例のように、当たり前すぎて何が問題なのか普通の人にはさっぱり分からないことも珍しくありません。人生には、こうしたカタチにすらなっていない問題未満のものが満ちあふれています。

私たちが日ごろ暮らしているのは、こうした問題未満の物事に囲まれた世界です。ぼんやりしているつもりでも、考える器官である「脳」は休むことを知りません。**私たちはいつも無意識のうちに、何かを考えている**のです。

それはこのあと食べるランチのメニューのような些細《ささい》なことかもしれませんし、今朝何気なく読んだ新聞記事への疑問・違和感かもしれません。あるいは昨日の仕事中に起きたトラブルについてということもあるでしょう。これらのなかに、重大な問題の萌芽《ほうが》が隠れている可能性があります。

しかし、こうした思考のほとんどは断片のまま途切れてしまいます。そして糸の切れた凧《たこ》のように、忘却の彼方に次々と消えていってしまうのです。でも、すべてが消えてしまうわけではありません。誰でも、こうした思考をふと自覚する瞬間があるはずです。

「今、私は××について考えていたんだな」

あなたにもきっとこんな体験があるはずです。こんなふうに意識された思考は、断片ではなくなり、「まとまった」形を取り始めます。

「まとまった」とはいっても、**最初は「気になる」「おもしろそう」「どうしてだろう」といった感覚的なもの**に過ぎないでしょう。でも、これをそのまま放置してはいけません。なぜなら、そこに「問題の種」が潜んでいるかもしれないからです。

こうした小さなひらめきのなかにこそ、あなたが解決したいこと、取り組みたいことが含まれています。この凧が飛んでいってしまわないように、糸を手元にたぐり寄せてみましょう。

コツは「自分はいつも何かを考えている」と自覚することです。そして、**無**

■ 問題の種の源とは

意識下から問題の種をひろい上げ、明確な意識を持って考えてみるクセをつけるのです。

そのために、ポケットに入るくらい小さなメモ帳を持ち歩き、思いついたことをメモしておくことが役に立ちます。スマートフォンについているノート機能を使うこともできます。

アイデアの種はすぐに解決できることだったり、他愛もない連想に過ぎないことが多いかもしれません。しかし、この作業を意識的に繰り返すことで自分との対話を促進し、「考える」という行為を習慣づけることができます。メモ帳が自分のアイデアを引き出し、育ててくれる役割を果たしてくれるのです。同時に、漠然とした日々の疑問の種をクリアな思考へと変換することができるようになるのです。

「そのうち考えよう」を「今、もう少し考えよう」に変える

漠然とした日常的な思考は、メモを取る意識を持つといったほんの少しの努力で、明確な形に変えることができます。しかし、それだけではきっと足りないでしょう。解決のむずかしい問題は、放置してしまうケースが多いからです。

その原因の1つが、同じ思考の繰り返しから抜け出せない「堂々巡り」です。

たとえば、店舗の売上不振を解決するためのアイデアを考えていて、パッと

ひらめいたことがあったとしましょう。ところが、すぐにそのアイデアを実現するのに必要な資金や人材がそもそも足りないことに気づいてしまう。何度考えても、資金のかかる解決策しか浮かばない。こういうことはよくありますよね。このような思考の堂々巡りは気分のいいものではありませんから、どうしても「また、そのうち考えよう」と放置しがちになります。

でも、ちょっと待ってください。

「そのうち」と**一度うっちゃってしまった思考は、ほとんどの場合、二度と意識にのぼってきません**。素晴らしい思いつきが浮かんだはずなのに思い出せないという経験は、だれしもあるのではないでしょうか。棚上げにしておいた「棚」のありかが分からなくなってしまうのです。

堂々巡りを繰り返してしまったり、なかなか結論が出ないような思考は、あなたが「いつか解決するべき」と感じている問題につながっている可能性があります。無意識の棚に上げる前に、ほんの数分、たとえ1分でも構わないので、思考を進めてみてください。**「そのうち」を「今」にする**のです。

意識的にそこから一歩だけ、考えを進めてみましょう。**思考に行き詰まったときには、「私は何を、何のために考えているのか」を意識することが肝心**です。「本来何のために考えているのか」ということを自問して、袋小路にはまった道を最初に戻って考え直すのです。

出発点に戻ってそこからゴールを眺めると、そこに至る道筋が見えやすくなります。ゴールに至る方角が分かれば、そちらに思考を向けることができます。具体的な道すじが見つからなくても、放り出してはいけません。とにかく目的に近づくだろうと思う方向に向かって、半歩でも前に考えを進めてみます。目的意識をしっかりと持つことができれば、思考は確実にゴールに向かって進んでいきます。

大切なのは、そのような作業を続けていくことで、**問題意識を次第に煮詰めていく**ことなのです。そして考えが煮詰まってきたという心理状態になれば、高い確率でアイデアが浮かんできます。

それでは、次にどのようにしてそのような心理状態に持っていくかについてお話ししましょう。

「分からない」を分類して「何が分からない」かを明確にする

「分からない」ということは、受け止め方次第で考えを進めるうえでのヒントにもなり、障害にもなります。問題の中身を深く検討せずに単純に「分からない」と決めつけてしまったら、問題を解決する機会を失うことにもなりかねません。はたして、その問題は本当にずっと分からないままなのでしょうか。

私たちが直面する「分からない」は、その問題の性質や思考の段階によって、だいたい次の3つのパターンに分けられます。

・事実を知らない
・答えが分からない

・何が分からないのか、分かっていない

3つのうちのどの「分からない」かによって、次にとるべき手段が違ってきます。分からないと感じる問題にぶつかったときは、まずそれがどれに分類できるかを考えてみましょう。

1つめの**「事実を知らない」**。

これは問題に対する明確な答えがすでに出ていて、それがどこかに存在することは知っている。そんな場合の「分からない」です。**解決方法は、とにかく調べてみること**ですね。詳しい人に相談したり、関連図書を調べたり、インターネットを利用するだけで答えが分かることもあります。それでも答えが見つからないときは、誰に聞けば分かるかを考えてみましょう。つまり、**「答えの調べ方」を考えれば解決します**。受験勉強や資格試験で問われる学力はこのカテゴリーに属し、「マニュアル力」で対応できます。

2つめの**「答えが分からない」**。

これは、何を考えればよいかは分かっているがまだ考えている最中で、明確な答えが得られていない状態です。もしくは、答えがあるかどうかはっきりと見極められないときの「分からない」です。このケースならば、自分の**頭で考え続けることで問題を煮詰めていく**ことができます。

学問の分野では、数学の問題がこのカテゴリーに属する場合が多いです。その理由は、数学では問題そのものが厳密に定式化されているので、答えるべき課題が常に明快だからです。この「分からない」に答えるためには、**難しい問題をキーとなる要素に解きほぐしていく分析力が必要**です。

3つめは、**「何が分からないのか、分かっていない」**。解決すべき問題が存在することは直感できるが、「何が分からないのかを明確には意識できない」というケースです。考えることが習慣化していないと、ここで立ち止まってしまいがちです。実はこのパターンが最も多いのです。

たとえば、同僚が出したアイデアや企画がピンとこない。自分の興味のある分野についての新発見やニュースを読んだとき、漠然とした違和感を感じた。

■「分からない」の3つのパターン

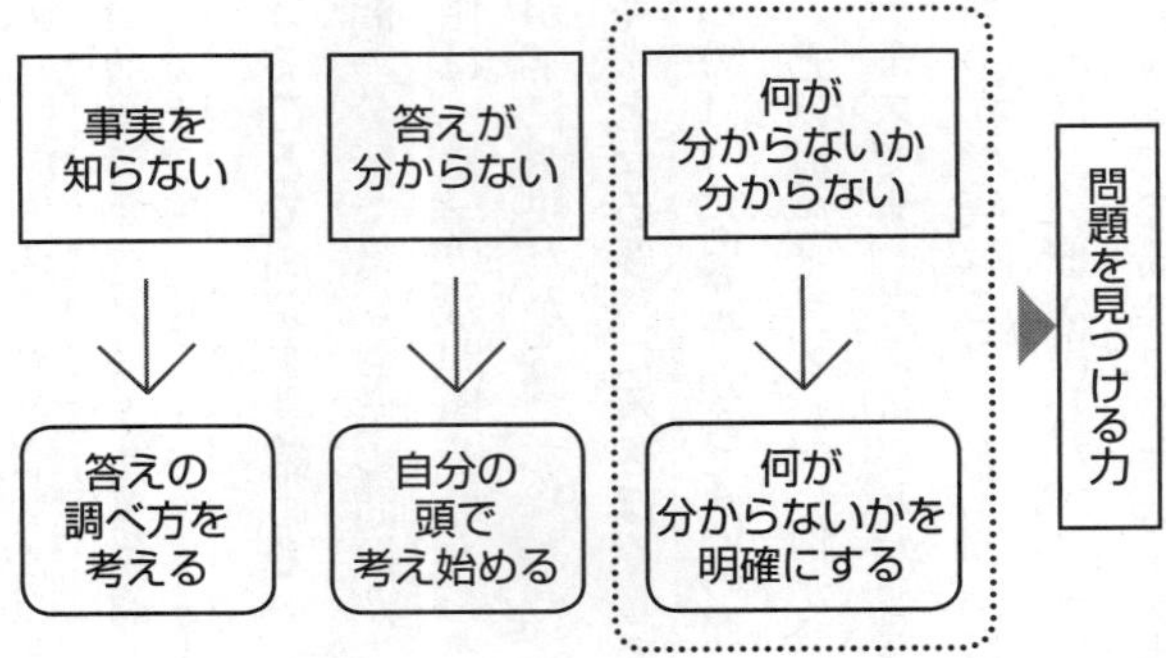

　この記事はおかしいんじゃないかな、もっといいアイデアがありそうな気がする。ところが、その感覚に上手く思考の光をあてることができずに、「むずかしいな」「分からないな」と放置してしまう。でも、これはそこに問題があると直感している状態と言えます。

　この問題を解決できれば、研究上のアイデアが生まれるかもしれませんし、ヒット商品が開発できるかもしれません。あるいは、取り組んでいる問題や企画を大きく発展させるヒントにつながるかもしれません。「だいたいはこれでよいのだけれど、何か変だ、足りない」と感じている部分は、それを明確に意識できると解決への道筋も同時に見えてきます。このまま忘れてしまうのは、とてももったいないことです。

実は、この**「何が分からないのかを明確に意識する」という過程こそが、「問題を見つける力」の最も肝心な部分**です。

学生と議論をしていると、彼らもよくこうした状態になります。

「面白そうな気がするのだけれど、何が分からないかを上手く言えない」

その学生は直感的にアイデアをつかんでいるかもしれないのです。しかし、それを上手く言葉にできない。これは問題を見つけ出す絶好のチャンスだと言えます。私は「あなたが理解しようとしていることはどんなことですか」と問いかけ、対話を通じて問題を明確にする手助けをします。これが上手くいけば、克服すべき課題がはっきり意識され、解決に向けた努力を始めることができるのです。

学生の話を聞くときの注意点は、学生が言いたいことを明確に理解するまではこちらの意見を言わないということです。意見を言うと、学生の考えがそれに引きずられてしまうからです。話をじっくりと聴きながら、学生が何を言おうとしているのかを理解しようと努め、学生が考えていることを引き出すような質問（「それはこのように理解していいですか」とか「別な言い方をするとどうなりますか」など）をするように努めるのです。そうすることで、学生はぼんやりと抱いていたイメージを明確な形へと、自分の力で発展させることができます。

時間はかかりますが、このような対話を繰り返していくことで、学生は「何が分からないかが分からない」状態を「ここが分からない」へと、直感的に浮かんだアイデアを明確に意識できるようになります。

対話は自らや相手のアイデアを引き出し、発展させるための手段なのです。この対話をさらに効果的なものにするために、私は学生に「対話用のメモ」を用意することをお願いしています。それは何を議論したいのかをあらかじめ考えてもらい、それによって「分かりたいこと」への問題意識を高めてもらうためです。対話を重ねるに従ってメモの内容はだんだんと充実したものになり、問題も明確になってきます。そして、対話が終了したときに、そのメモは研究論文の骨格となっているのです。

同じやり方は、企画会議でも使えそうですね。新人がまだ形にならないぼんやりとしたアイデアを出したときに、「何を言っているか分からない！」と叱りつけたことはありませんか？　そうすると、たいていの社員は口をつぐんで何も言わなくなります。恐ろしいのは、何も言わなくなるだけでなく、何も考えなくなるのです。

ところが、同じ状況で「君が考えていることはこういうことじゃないか」と助け船を出してやり、そのようなやり取りを通じてよいアイデアができたときに「素晴らしいじゃないか」とほめてあげると、その社員はますます一生懸命に考えるようになり、よい企画が生まれる可能性も高まります。

このように「対話」が成立する雰囲気づくりをすることで、組織に参加するすべての構成員が自ら考え、問題意識を大切にする環境が形成されるのです。同じことは子どもとの対話にも応用できるでしょう。

つまり、**「問題を見つける力」**とは、漠然とした「分からない」状態を「何が問題なのかは理解しているがその答えが分からない」状態に進化させる能力のことなのです。

「何が分からないのか」がクリアになれば、問題・課題はかなりはっきりしてきます。何を調べればよいかや誰に聞けばよいかが理解でき、それだけでいきなり答えが出てしまうこともしばしばあります。

私が研究している物理学でも同じです。非常に興味深い物理現象が見つかったとしましょう。しかし、目に見える現象すべてを記述することはできません。考慮しなければならない前提条件や状況によって変化できる自由度の数があまりにも膨大で、考えを進めるには複雑すぎるからです。そんなとき、最も重要なのは、**目の前の現象のなかから何が本質的なものなのかを見極めること**です。

これを「本質抽出」と言います。この本質抽出ができれば、あとは副次的な現象をすべて捨て、考えやすいシンプルなモデルをつくることができます。モデル化することでその現象の本質を理解することができるのです。

「分からない」は行き止まりではありません。何が分からないかが分かれば、前に進むために必要な課題が理解でき、また、それを解決しようという意欲が湧いてくるのです。

分からないこと、ひらめいたことはメモをとる

「何が分からないのか分からない」状態になっていることには気づいたけれど、そこから先を考えている暇がない。あるいは、課題は見つかったけれど、答えがなかなか出ない。そういうときは、気になる点をメモに残しましょう。

「そのうち考えよう」だけでは課題そのものを忘れてしまって、二度と「そのうち」は来ません。**「そのうち」を現実のものにするためには、メモをつくり、別の機会に取り組めるように、すぐ思い出せるようにしておくことが大切**で

す。

メモの効用は、他にもあります。まず、時間をおいて見直すことで、案外すんなりと答えが見つかるケースがあります。これは想像以上に多いはずです。また、小さな課題についてのメモを積み重ねていくことで、思いがけない大きなテーマにつながることがあります。そのためにも**小さな課題を要領よくメモに取っておく**ことが欠かせません。

メモ帳はポケットに入るくらいの小さなものがベストです。このメモ帳はどんなときでも必ず持ち歩くようにします。そのためにもかさ張らないものを選ぶといいでしょう。私がオススメするのは、普段使っているシステム手帳の一部をメモ書き用ページにすることです。そうすると、手帳を開くたびにメモが目に入るので、記憶が呼び起こされやすくなります。また、繰り返しメモを見ることで、自然にその問題に意識を集中させることができます。スマートフォンのメモ機能を活用するのも便利かもしれません。

メモはできるだけ簡潔に書きます。文章が長いと、読み返したときに頭に入りにくくなってしまいます。あなたがそのとき新しく思いついた考え・アイデアの要点だけを記入するのがコツです。たとえば、ポイントとなる数字やキーワードだけを記したり、長くても2～3行程度に収めるようにしましょう。短くする過程で頭の中で一度情報処理が行われていますから、考えを一歩前に進めることができ、記憶にも定着しやすいのです。

なお、この**メモは課題が解決したとき、あるいは、もう重要でないと判断できたときに消去**します。その部分を白いマーカーで消して見えなくしたり、破って捨てていきます。「もったいない」と思うかもしれませんが、すでに**解決した問題に関する情報を残さないことが、残された問題だけに意識を集中する極意**です。その点、パソコンやスマートフォンのメモ機能は、消去が簡単なので便利ですね。まずは、**書いたものを読み返すように習慣づける**ことが意識を集中させるために重要です。

このメモのつくり方・管理の仕方については後でさらに詳しく解説しますので、そちらも参照してください。メモは「そのうちに考えよう」と放置され、消えてしまいがちな思考の材料を手元に残し、継続的に考え続けることで問題意識を高めていくためのツールです。
あなたの**メモ帳からずっと消えない問題があれば、それこそがあなたが本当に取り組む価値のある問題**なのです。

〈情報収集術①〉

答えを探さない

問題を見つけるために最も重要なポイントは、「何が分からないかが分からない」を「問題は理解しているがその答えが分からない」に進化させることでした。また、ある程度思考を進めても「分からない」ままなのは、多くの場合「何が分かっていないのか、あるいは、何を理解すべきなのかが分からない」という状態に陥っているからだとお話ししました。

この状態を解消するには、どうしたらいいでしょうか。

そうです。**関係のありそうな情報や事例をできるだけたくさん集めて調べることで、「何が分かっていないのか、何を理解すれば答えにたどり着けるのか」を明確にすればいい**のです。こうすることで、漠然とした「分からない」という感覚が、だんだん霧が晴れるようにクリアになっていきます。

自然科学の研究でいえば、関連論文を読み込む作業がこれにあたります。研究のアイデアが最初から明確な場合はめったになく、最初はこんなことができればいいなという憧《あこが》れに似た状況から出発します。それから、漠然としたアイデアや疑問と関連がありそうな情報を徹底的に集めて、それを1つ1つ読み込んでいくのです。

関連のありそうな知識を頭に入れて情報を整理し、それに関してこれまで何が分かっていて何が分かっていないかについての理解を深める過程で、「憧れ」がだんだんと具体的な到達目標へとカタチを変えていきます。それが明確に意識できたときに、問題の本質が理解できたといえます。こうして「分からない」は「何が分からない」へと進化するのです。

皆さんは「天才」と言われる人は、何もない状態からアイデアが「パッと浮かぶ人」というイメージを持っているのではないでしょうか。私はこれまでに「天才」と呼ばれる人を何人も見てきましたが、そのような人は例外なく、このような情報の収集と整理・理解を徹底的にやっています。普段からそのように頭を訓練しているので、物事の本質をたちどころに理解することができるのです。実は、やる気さえあればこれは誰にでもできることなのです。

ただし、情報集め・読み込みをするうえで注意して欲しいことがあります。この作業は、答え探しが目的ではないという点です。

もし、関連情報を読み込んでいく途中で「そうだったんだ」と答えを見つけてしまったのなら、この問題はもうおしまいです。そもそも「分からなかった」のではなく、あなたが「事実を知らなかった」だけなのですから。

このように**情報として簡単に手に入るものは「すでに分かっていること」を知らなかったにすぎません**。そのような知識・情報は「マニュアル知」と呼べるかもしれません。情報収集で直ちに解決できるような問題は、新たな発見やイノベーションにはつながりません。それは、あなたが本気で取り組むべき価値のある課題ではないのです。

こんなふうに考えてみてください。あなたが広大な更地の再開発プロジェクトを任されたとします。クライアントは、これまでどこにも存在しなかったような、まったく新しい街を創りあげたいと希望しています。そのためのアイデア・企画を考え出すのが課題です。

あなたは構想を練り、関連情報を調べます。しかし、集められる情報はすべて「過去に行われた実例」か「誰かが構想したアイデア」ばかりのはずです。これらはヒントにすることはできても、そこに答えを探すべきでないのは明らかです。

たしかに、こうした過去の事例の中から成功確率の高そうなものを探し出し、ちょっとアレンジをしたり、付加価値を足したりして、差別化して提示するというやり方も現実には数多くあるでしょう。これは予講で述べた「マニュアル力」的な要領の良い解決法です。しかし、この方法で本当に新しいものを創り出すことはできません。

新しい答えを見出そうとするならば、これらの情報は、取り入れるのではなく、むしろ排除する対象だと考えるべきです。もし得るものがあったとしても、それは周辺知識を補強するためのものであって、本当に知りたい答えを見出すためのヒント程度にするべきです。

つまり、**情報収集作業の目的は「すでに誰かが行っていること、したがって、オリジナルでないものは何か」を確認して、それを捨て、「何がまだ行われていないのか」という新たな可能性を探ることにある**のです。

ですから、**情報収集では「答えを探さない」ように注意**しましょう。これは、情報化の進む社会では今後、ますます重要になると思われます。デジタルツールに強い人は、インターネットを使えば容易に大量の情報が入手できるようになりました。その結果、いわゆる「情報酔い」や「情報中毒」という状態になってしまうケースも増えています。

しかし、巷《ちまた》にあふれる情報を一方的に受け取るだけでは新しいアイデアは生まれません。ましてやそれで満足してしまったら、自分の頭で考え、判断することもできなくなります。ファッション雑誌が「今年の夏のファッションはこれだ！」と宣伝すると、町中に同じような服装をした若者があふれるのと同様の心理効果が働き、受け身になってしまうからです。

また、検索サイトやSNSで関連情報をのべつ幕なしに探しているうちに、自分でも何をやっているのか分からなくなってしまうこともあります。この状態が続くと、まるで薬物中毒のように、情報の中身ではなく、刺激の強さばかりを追い求めるようになります。

こうした情報中毒になると、たまたま見つけた偏った情報だけを信じてしまったり、ツイッターなどのSNSでやりとりされている真偽不明な情報に翻弄《ほんろう》されてしまう結果になりかねません。これは収集作業で得られた情報を、安直な答えを見つけるための道具として利用し、自分の頭で分析せずに鵜呑《うの》みにしようとすることから起きる現象だと言えます。

しかし、あなたがこれから行う情報収集は、これとはまったく違うものなのです。

ここでの**情報収集は、誰かがすでに語ったこと・行ったことを「確認」するための手段**です。アイデアの種を求めて情報集めをするのではなく、何がすでになされているかを確認・整理するために情報を集めてください。このような態度で情報収集すれば、「何がなされていないか」＝「あなたが取り組むべき課題」がはっきり見えてきます。

繰り返しますが、価値のある発見や発明は「まだ誰も考えたことのない新しい問題」に勇気を持って取り組むことから生まれます。膨大な情報の中から答えを探すのは、マニュアル力のトレーニングとしては有効かもしれませんが、真に新しいものを生み出すことにはつながらないのです。

すでになされていること・分かっていることを分析するために、徹底的な情報収集・整理をしましょう。そのような作業を通じて、まだ試されていない可能性を浮かび上がらせるのです。

真に新しいアイデアは、このような徹底した情報収集とその分析・整理の過

程から生まれます。

〈情報収集術②〉インターネットでは事実とノウハウを峻別しよう

インターネットでは、ノウハウ（ハウツー）のカタチになっている情報が重宝される傾向があります。「〇〇完全攻略」「△△のためのテクニック」「〇〇対策」といった、方法や手順、解答例を解説するものです。

こうしたノウハウ記事には「やり方」「考え方」などが書かれていますから、一見すると実践的ですぐに応用できそうな印象を受けます。最近では、課題として出された問題の解き方や解答集をウェブで収集する学生も珍しくはありません。

しかし、ウェブ上に存在する解答集などを実際にチェックしてみると、あまり質の高くないものが多いというのが実感です。論理に飛躍が多く、誤植も多いので、ウェブの答えをそのままコピペしたレポートはすぐに分かってしまいます。ノウハウ（ハウツー）の類も、タイトルの派手さほど中身は伴っていなかったり、クオリティのバラツキが大きすぎてあまり信用できません。

ウェブを利用するとき、私はノウハウやハウツーの類にはほとんど注目しません。こうした情報には書き手の意図が加わっていますし、そこで紹介されている方法以外のアイデアに意識が向かなくなってしまうからです。第一、オリジナリティがありません。

重視するのは、そういった書き手の意図が入っていない段階の「事実」です。あるいは、事実を収集するために必要な文献のサーベイ（調査）です。こうして、すでに分かっている事実の全体像をつかんでいくのです。

動かしようのない事実は、情報源として最良のものです。ウェブは事実を収拾するという目的のための手段としては、貴重な情報源となりつつあります。

ところがノウハウはそうではありません。ノウハウは工夫次第でより良い方法が見つかる可能性があります。まだ試されていない新しい可能性を考えると

■ウェブの上手な利用のしかた

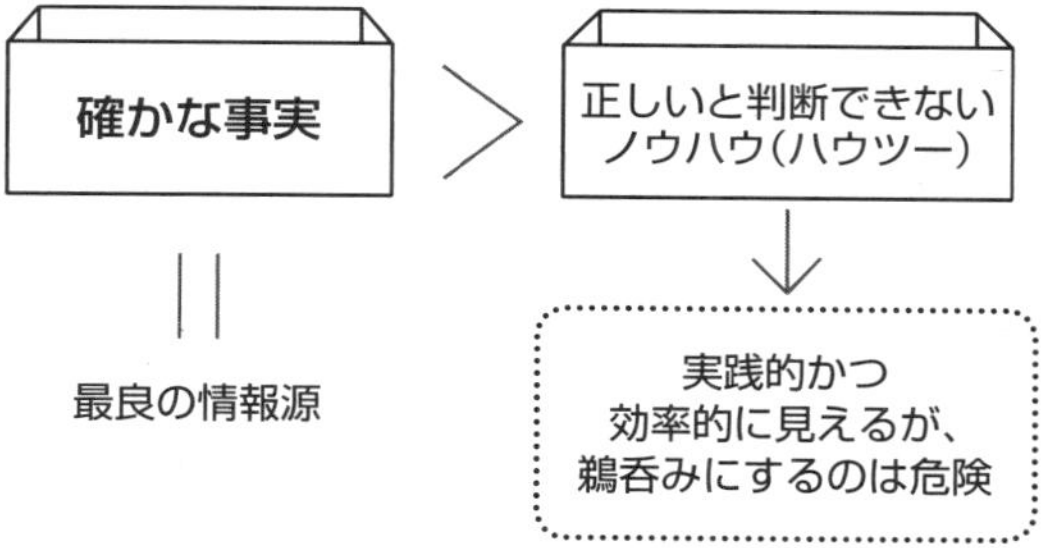

き、既存のノウハウにとらわれるのはマイナスです。革新的なアイデアを思いつく妨げになってしまいます。

　ですから、情報を収集する際には「確かな事実」と「正しいと確信できないノウハウ」をはっきりと峻別《しゅんべつ》し、前者を重視するようにしましょう。画期的なアイデアのほとんどは、既存のノウハウでは不可能と思われるところから生まれています。つまり、**事実に基づいて、自分の頭で自分なりのノウハウを編み出すことこそが、問題解決への王道**なのです。

　自分の頭で考えろと言われると、もっと効率の良いアイデアがすでにあるのではないかと不安になりますね。しかし、他人にとって効率の良い方法が自分にとっても効率が良いとは限りません。それどころか、自分に合っていなくてかえって非効率であることも珍しくはないのです。

他人にとっては非効率に見える方法でも、自分なりに編み出した方法にしたがって行動するほうが、実は目的に早く到達できる場合が多いのです。この傾向は、創造的な仕事ほど顕著になります。

何か大きな仕事を成し遂げた人は例外なく、その人独自の方法、つまり、その人に最も合った方法を編み出しているものです。そのやり方は本当に独特で、他人がまねをしようとしてもたいていはうまくいきません。だからこそ、彼らの生きざまはとてもユニークなのです。

大発見や発明を成し遂げた人は、「できないという前に、まずやってみろ」とよく言いますね。この言葉は常識を鵜呑みにして、本当はできるかもしれないことをできないと思いこんでしまう心理の落とし穴を喝破《かっぱ》したものです。

その一方で、今はできないと思うことでも、ひとたびやり始めると試行錯誤の過程で予期せぬ新しい物の考え方や方法が見えてきて、ある期間がたつとできてしまっていたということもあります。これは私もこれまでの研究生活で何度も経験してきたことです。最初はどう取り組めばよいか皆目見当もつかない問題も、あれこれと試行錯誤をしているうちに次第にとっかかりがつかめて、数年後にはすんなりと解けてしまっているという経験です。そして解けてしまったあとから振り返ってみると、たいていの問題は当たり前に見えてしまいます。

ただ、もし最初の段階でどう取り組めばよいか見当もつかないという理由で諦めてしまったらどうでしょうか？　そうするとその問題は解けないままで終わってしまいます。こう考えると、「できないという前に、まずやってみろ」という言葉は、自分の可能性を自ら閉ざすなと解釈することもできます。こうした経験は、研究者だけでなく起業した経験のある人にもなじみのあることではないでしょうか。

新しいことにチャレンジするとき、すぐに「無理です。できません」と答える人がいます。いわゆる優秀なタイプに多いのですが、これは従来のノウハウとその限界をよく勉強して知っているがゆえに、その知識から常識的に判断しているにすぎません。自分の体験に基づいた判断ではなく、知識として知っているノウハウを鵜呑みにしてしまっているのです。

このタイプの人は、リスクを冒さず、スマートに解決できる課題を好む傾向があります。それはそれで1つの生き方ではあるでしょう。事実、多くの仕事は既存のノウハウを用いることで立派にこなすことができます。でも、それではブレークスルーは生まれません。常識とは所詮、その時点での人々の判断にすぎないのです。自分を信じて、一歩前に踏み出す勇気をもつことが大切です。

そんなことをして失敗する余裕はないという人もいることでしょう。絶対に失敗しないと断言はできませんが、リスクを最小限に抑えることはできます。それは、始める前に事実関係を徹底的に調べることです。それをしないでリスクを冒すことを無謀と言いますが、**事実関係を調べつくすことによってリスク**

は最小化され、その過程で新たな可能性が見えてくるものです。

また、事実関係を徹底的に調べて分析していく過程で、これまでの常識的な判断ややり方が必ずしも理にかなったものではないということに気づくことがあります。そのような分析を進めていくと、周りの人にはリスクと見えることが必然に見えるようになるのです。それでも失敗のリスクは残ります。ですから、実際にやるかやらないかは、それを理解したうえで直感的に決断すればよいのです。私の経験では、そこまで準備をしたうえでやれると判断した試みは、たいてい成功します。

〈情報収集術③〉
理解した情報を捨てる

ここで情報処理の極意ともいうべきことをお話ししましょう。それは**集めた情報を分析したり整理したりしたあとは、元の資料を手元に残さず捨ててしま**

うということです。

かつて、情報を集める作業は時間とコストのかかるものでした。しかし、今やこの問題は比較的容易にクリアできます。論文や書籍、雑誌・新聞記事、ウェブサイトのブックマークなどから、あなたが考えてみようと思っているテーマに関わる情報はあっという間に集めることができるからです。

しかし、これらをパソコン上に保存したり漫然と机の上に積み上げるだけでは、なんの意味もありません。ざっと目を通すぐらいでもダメです。なんとなく分かったような気分になるだけでは頭の中は整理されず、フラストレーションの原因になります。集めた資料を1つずつきちんと読み込み、内容を理解していくことが大切です。

私も研究テーマについての論文を数多く読み込んでいますが、常に実行していることがあります。「資料を手元に残さない」というルールです。つまり、理解したら元の資料はその場で捨ててしまうのです。捨てるというと、驚かれるかもしれませんね。しかし、私は文字通りこれを実行し、その効果を実感しています。

この方法には大きなメリットが2つあります。

第一の、そして最も重要なメリットは**「捨てる」ことで、今直面している1つ1つの問題に意識を集中できる**点です。

私がこの方法を用いるようになったきっかけは、大学受験のときの英単語の暗記でした。単語をたくさん記憶するためのツールとして、一度覚えた単語をカラーペンとフィルターを用いて見えないようにするカードがありますね。あの暗記法の応用で、あるとき「覚えたら破って捨てる」というやり方を思いつき、実践したのです。すると、驚くほど集中力・緊張感が高まり、以前よりもスピーディに記憶できることに気づきました。

やり方はこうです。英単語を100語覚えたいとしましょう。100枚のカードの表に英単語、裏にその日本語訳を書き、1枚ずつめくって記憶できているかを確認していきます。ここまでは通常と同じです。すると、すでに知っている単語や1回で覚えてしまえる単語がいくつかあるものです。「しっかり覚えた」と確認できた単語のカードはその場で破って、くずかごに捨ててしまいます。次に残ったカードをまた最初から順番に見て、確認し、覚えていきます。すると2回で覚えられる単語がまたいくつか出てくるでしょう。そのカードも捨てるのです。

この作業を繰り返すと、単語カードの枚数はどんどん減っていきますね。そして記憶に定着しにくい覚えにくい単語だけが残ります。残った単語はカードをめくるたびに繰り返し目にするので、数が少なくなった残りの単語に意識が集中でき、その結果、覚えにくい単語も無理なく自然に覚えられるのです。

この方法により、通勤や通学時間内だけでもかなり効率よくハイスピードで単語を覚えられるようになります。

捨てることが不安なら、覚えたカードを別な場所に移すだけでもOKです。要は手元に残った覚えられていない単語だけに意識が集中できるようにすることです。最初は紙に単語を書いて覚えてもいいのですが、この方法で訓練し慣れてくると、カードを見るだけで頭に入るようになります。

ちなみにこの方法はパソコンやスマホ、タブレット端末を使っても実践できます。覚えなければならない単語をリストアップしておき、それを100個ずつぐらいに分けて英単語を左に、日本語訳を右側に1列に1単語ずつ打ち込んでいきます。上から読む際に、右側を隠すと意味のチェック、左側を隠すとスペルの練習になるというわけです。そうして、覚えたと思うものを次々と消していくことで、残った単語が効果的に記憶に定着していきます。

情報収集でも「捨てる」作業をルール化することで、同じ効果が生まれます。必要な情報のみを残すことで、情報を読み込み、理解する際の集中力を高め、すでに分かっていることを効率的に整理した形で頭に入れることができるのです。

ポイントは、理解したら「捨てる」ことです。躊躇《ちゅうちょ》せずに捨ててください。

情報をいつまでも手元に残していると、100枚のカードを何回もイチから読んでいくことになります。すでに知っている単語も見ることになるので、集中力が分散され、覚えるべき単語が頭に入りづらくなります。すでに整理・分析された情報をどんどん捨てることで、一度読んだだけでは理解できなかった残った情報に意識を集中できるようになり、同時に、記憶の定着と頭の整理にも役立つのです。

第二のメリットは**「理解したら捨てる」を原則にすると、分からない部分が明確になりやすい**ということです。

理解した情報をどんどん捨てていくと、手元に残るのは「今はまだ理解できない」「もう少し考える必要がある」と判断した情報だけになります。そうした情報も、何度も読み、理解できたものから捨ててしまいます。この作業を繰り返すと、だんだんと残された「分からない」点にのみ意識が集中していきます。そうすることで問題の核心が徐々にクリアになっていくのです。

捨ててしまったらあとで困るのではないか、そう不安に思う方も多いことでしょう。

しかし、大丈夫です。私自身の経験から「実はほとんど困らない」と断言できます。今は情報へのアクセス手段が豊富ですから、また探すことが可能なの

■ 情報処理の極意

集めた情報は丹念に読み込み、理解したら捨てる

です。強調しておきたいのは、**「同じ情報をもう一度探す手間」よりも「読み切れない量の情報をストックし続けることによって、集中できずに意識が分散するリスク」のほうがずっと大きい**という点です。

「自分には無理だ」

そう思われますか？　いいえ、そんなことはありません。そうおっしゃる方ほど、情報をいわゆる「積ん読本」のように溜め込んでしまい、大切な情報を見失っているのかもしれません。しばらくやってみれば、多くの方がこのメリットの大きさに驚かれるはずです。そして意外なほどデメリットがないことにも気づくでしょう。

情報は理解したら捨ててください。ブックマークも消去しましょう。どうしても捨てることに抵抗を感じるならば、オリジナルファイルとコピーファイルを2つ用意しておくといいでしょう。普段はコピーしたファイルを使い、理解したものを捨てていきます。それとは別に、オリジナルファイルを保存しておくのです。単語カードの場合もリングから外し、捨てないでどこかにまとめて復習用にとっておくこともできます。

情報は溜めるものではありません。生かすものです。理解した情報・不要になった情報を捨てるのは、あなたにとって有用な情報だけを手元に残し、残った理解すべき大切な情報に意識を集中するためなのです。

〈情報収集術④〉

情報は理解できるまで集中して読み込む

集めた情報を捨てる前には、もちろんきちんと読み、理解しなくてはいけません。そのために集中して資料を読み込む必要があります。

インターネットを使った情報収集にありがちなのは、ただ闇雲に情報を集めるだけで満足してしまうパターンです。デジタルデータはかさばりませんが、きちんと読まなければ積ん読本と同じですね。

また、情報収集ばかりを先行させると、何度も同種の情報を集めてしまうことにもなりがちです。ノウハウ的な情報と事実に関する情報を識別する作業もできず、ましてや問題の核心に迫る情報を見つけ出す嗅覚は養われません。これは明らかに非効率です。

情報収集を始めたら、定期的に集めた資料を読む時間をつくりましょう。10分でも、15分でも構いません。短くとも、定期的に情報を読み、整理する時間を確保してください。通勤の時間、昼食後の空き時間など、あなたのライフスタイルに合わせて習慣化するとよいでしょう。その間は他の用事を完全にシャットアウトし、資料に集中します。きちんと読み、分析し、理解し、脳にイン

■情報は集めることより読み込みが大切

プットしなくては意味がないからです。

「たった10分では集めた情報を読み切れない。やはり山積みになってしまう」

そういう方は、集めることに労力を割《さ》きすぎているのです。情報集めに使っている時間・労力を減らして、読む時間に充《あ》てましょう。情報を集めるペースと捨てるペースのバランスがとれるところが、あなたにとって最適だと言えます。

このような地道な作業を積み重ねることで、読み込みの速度は上がり、さらなる情報収集も効率的になっていきます。理解が進むことで、次にどんな資料を集めるべきなのかが明瞭に意識できるからです。もちろん、類似の資料をうっかり集めてしまうような二度手間を防ぐ効果もあります。

情報収集は集める時間よりも、集めた情報を読み込む時間のほうが大切です。ある程度集まったら、集中して読む。しっかり理解して情報を整理したうえで、その情報を記録に残すのか捨てるべきかを判断してください。

そして、残す場合も、いらなくなった資料を捨てたうえで、もう一度反芻《はんすう》し読みたいと思う情報のみを残すことがポイントです。

メモするときのポイントは自分の言葉で書くこと

効率的な情報収集・整理を続けていくと、自然に、興味のあるテーマに関する洞察が深まっていきます。言い換えれば、あなたが考えるべき「問題の核心」が少しずつ浮かび上がり、核心部分に意識が集中できるようになっていくのです。

すると、ときどき、絶対に記録しておきたい・捨てるわけにはいかない情報が出てくるはずです。

・理解はしたが、疑問点が残った
・今の自分には理解しきれないが、重要な論点が含まれていると直感するもの
・読んでいるうちに新しいひらめきが浮かんだ
・覚えにくい数値などの具体的データ（問題の核心に深く関わるもの）

たとえば、こういったものです。このような大切な情報は、捨てずにメモに残しておく必要があります。

しかし、それが記載されている資料をまるごとそのまま残してしまうと、次にやってくる資料の山に埋もれてしまいます。アンダーラインを引いておいたのに、それがどこにあるか分からなくなってしまった経験は誰にでもあるはず

です。このような大切な情報は、あなた自身の言葉でメモのカタチにまとめてから保管するようにしましょう。

メモの書き方にもコツがあります。

まず、記録しておきたい情報のエッセンス（核心部分）は何かを考えてそれを抽出します。そして、**必ず自分の言葉・解釈を加えたカタチにして、ノートに記録します**。パソコン上で作業をする場合でも、コピー&ペーストはお勧めできません。情報が整理されず、記憶に定着しないからです。自分の言葉で、自分なりの分析・解釈を加えた情報を入力するようにしてください。その作業の過程で、あなたの頭の中で情報処理がなされるからです。情報を読み込む際のポイントは、あなたの頭の中で情報を処理することなのです。

また、メモはできるだけ短くします。**箇条書きのように、1、2行程度でシンプルに書くのがベスト**です。あとで自分で理解できるギリギリまで圧縮するようにしましょう。この作業を行うことによって、本質を抽出する感覚が磨かれていきます。このようなセンスを磨いていくと、人の話を聞いたときに、言

■メモの書き方のコツ

MEMO

①自分の言葉で書く

②自分の分析・解釈を加える

③できるだけ短く、シンプルに（箇条書きならなおよい）

④情報源はすべて捨てる

いたいことが何かを瞬時に理解できるようになります。

メモをしっかりつくったら、情報源となった記事、資料、論文、サイトのブックマークはすべて捨てます。オリジナルの資料は一切手元に残さず、自分でつくったメモだけを保管するぐらいの心づもりで臨むといいでしょう。

繰り返しになりますが、メモを自分の言葉で記録するのは、頭の中で一度、情報処理するためです。生の情報をコピーせず、自分にとって役立つカタチに加工するためには、情報を理解し、自分の言葉に置き換える必要があります。この情報処理過程を経ておくと、記憶が定着し、必要な情報を将来活用可能な形で頭の中にインプットすることができるのです。また、将来オリジナルな情報が必要になったときにも、あなたはたちどころにその情報を探し当てることもできるでしょう。情報処理のとき、要点がすっかり頭に入っているからです。

しかし単なるコピペや、検索で見つけた重要なサイトのＵＲＬをただブックマークしておくだけでは、このような整理された形での記憶のインプットはできません。将来、その資料のどの部分がどう重要だったか思い出せず、また一から同じ資料を探す羽目になるかもしれないのです。

具体例として、私の実践方法を紹介しましょう。

私の場合、資料の大半は論文です。まず、キーワードを頼りに関連する論文のリストをつくります。通常は膨大な数になります。論文にはタイトルとアブストラクト（要約）がついているので、これらにざっと目を通して関連のありそうな論文を抜き出します。そのうえで、最も関連がありそうな論文をダウンロードし、編集可能な状態にします。これが最初の準備です。

次にざっと内容に目を通し、必要ないと思われる箇所を、バッサリと削除します。デジタルデータならば、ペーストしてカット。コピーした紙の場合は、不必要部分を切り捨てたり、マーカーで印をつけることもあります。最近は、論文をPDFファイルでダウンロードできますので、マーカーで印をつけたり、その部分だけを取り出すことが容易になりました。そのうえで、残った箇所をもう少し丁寧に読んでいき、すでに分かっていること、必要度の薄い箇所をさらに大胆に削除します。

この段階で、文章量は最初の10分の1くらいになります。ここからじっくり検討に入ります。内容を精査し、理解したら、本当に手元に残しておくべき情報だけを自分の言葉で要約し、メモにとるのです。私は理論物理学者ですので、その過程で自分で計算をして資料の内容が正しいかどうかをチェックし、正しいと分かったことのうち自分が知らなかったことをノートに記録しておきます。その後、元の資料は捨てます。

私は研究テーマごとにこうした作業を行っています。この作業は、自分の頭で資料を再構成する段階でかなり時間がかかりますが、３つの利点があることを実感しています。

まず第一に、このように**まとめる作業をすることで、すでに分かっていることの要点をより明快に整理**することができます。これは**自分の考えを明確に表現するうえでもとても役に立つ**作業です。

第二に、**何が分かっていないかがはっきりと理解**できます。そこにオリジナルな仕事をするための種が隠されているのです。

第三に、このように自分の頭を整理する作業を積み重ねていくと、**人の話を聞くときに要点は何かを意識しながら聞けるようになります**。これは、研究者仲間と専門的な内容を議論する際に役立つばかりか、学生の話を聞くときにも大変役に立ちます。

学生はしばしば斬新なアイデアを思いついても、それをうまく表現できない場合が多いのです。情報の山から核心的情報を読みだす作業を繰り返すことによって、学生が言いたいことを的確に理解し、適切な助言をすることができるようになります。会社の場合は、研究者仲間を同僚、学生を部下と置き換えると、そのまま同じことが言えるのではないでしょうか。

学生が議論することを希望してきたときは、私はしばしば議論したいことの要点を記したメモを用意するようお願いしています。これは議論したいことを学生自身が事前に整理し、要点を意識しながら議論するうえで役立ちます。メモに基づいて、学生と対話を行い、それに基づいてそのメモをより明確なものに改訂してもらいます。こうして、曖昧模糊《あいまいもこ》としたアイデアから明確な形へと考えを煮詰めていくプロセスを実体験してもらうのです。

もちろん、具体的なメモのとり方に、最良の方法があるわけではありません。私の方法はあくまでも一例であり、みなさんがそれぞれ自分に合った方法を採用するのがベストです。試行錯誤を繰り返しながら、あなたも自分に合ったメモづくりの方法を開拓してください。

メモは肌身離さず持ち歩き、不要になったら捨てる

作成したメモは常に手元に置きましょう。そして**何度も読み返し、それについて繰り返し考える時間をつくりましょう。**特別な時間をつくる必要はありません。通勤や移動、ちょっとした休憩時間に目を通すだけでよいのです。そして、メモも内容を十分に咀嚼し読み返す必要がなくなったと思ったら、捨てましょう。

ページの一部が不必要になったら、その部分を消します。上から二重線を引いてもいいのですが、私は修正テープで文字通り消すようにしています。二重線があると、不要な情報が視界の片隅に飛び込んできてしまい、消されていない文字が目に入ってくる妨げになるからです。文字そのものを消してしまえば「すでに分かっていること」が目に入らなくなり、次に理解すべき情報のみに

集中できます。大好きな音楽を集中して楽しむためには、周囲の雑音はもちろん、録音データのノイズも極力少なくしたほうがいいのと同じ理屈ですね。

このように消していくと、やがて表も裏も真っ白になったページが生まれます。そうしたら、このページは破って捨てましょう。この方法で情報を管理していけば、あなたのメモは常に必要な情報のみが書かれたものになります。

もしかしたら、ノートを破ることに抵抗を感じる人も多いかもしれませんね。私は毎日のスケジュール管理も同じようにしているのですが（システム手帳の予定が終わったページは捨ててしまう）、「手帳のページを捨ててしまうのは……」としばしば驚かれます。そんなことをすると、1カ月前に何をやっていたのかが分からなくなってしまうのでは？　と言われたりしますが、私はそれで困った経験はありません。

もし不安に思うならば、パソコンやタブレット端末、ノートパッドなどのテキストファイルにメモを残しておくとよいでしょう。デジタルデータの場合には、編集可能な状態にした資料をカット&ペーストして、自分で記入した要点に置き換えておくという方法が便利です。もちろん資料を読みながら、要点のみをファイルに打ち込んでいくという方法でもよいでしょう。メモを複数つくると大切な情報が目に入らなくなるので、できるだけテキストファイルは1つにしておきます。もちろんあなた自身の情報処理を伴わないコピペは厳禁です。

ただ、持ち運びのしやすさ、捨てやすさという点から言えば、**ルーズリーフ型のシステム手帳・ノートが便利**です。あるいは、小型のパソコン、スマートフォンや電子手帳のメモ機能を使うことも有効でしょう。

パソコンをメモに使う方法は、情報を検索するうえでも便利です。メモに新しい内容を付け加えるときにはメモの最後に付け加え、古いものほど最初に来るようにします。ノートの場合は自然にそうなりますが、パソコンでメモをつくる場合は、あえて新しい情報ほど最後に記入するようにするのです。そうして、メモを読み直すときは常に最初から読むようにします。理解した内容のページは捨て（パソコンの場合は消去し）、もう一度読みたいと思った内容はメモの一番最後に移動するのです。こうすることで、メモ全体を何度も読み返すことができます。

繰り返しになりますが、「なんとなく捨てられない」「記憶力に自信がない」「たくさん情報があったほうが安心できる」などという理由から、不要な情報と必要な情報を混在させるのは禁物です。結果的に、判断することが必要な情報に集中できなくなるからです。

思い切って捨てるクセを身につけましょう。必要度を判断して不要な情報を捨てるという作業をすることで、あなたの情報処理能力は格段に鍛えられ、頭の整理にもなります。また、捨てると覚悟することでより真剣に資料を読み込むことができます。

メモを捨てる意義は、この点にもあるのです。

「問題を見つける」極意は、集め、理解し、捨てること

この講で紹介した、**問題の種の見つけ方、「分からない」の分類、情報収集術、メモの管理をぜひ日常生活に取り入れてみてください。**これが、自ら発想でき、アイデアを発掘できる「考える力」を鍛えるための基礎体力づくりの実践的方法です。この作業を1週間実行するだけで、自分が今までとは違った頭の使い方をしていることに気づくはずです。

それは錯覚ではありません。今までなんとなく浮かんでは消えていた日々の思考が、「要点は何か」を常に意識する分析的思考へと変わっていくのです。

このような思考法が習慣化すれば、雑多な情報の海から、本当に重要な情報だけを見つけ出す嗅覚が養われていきます。これは問題を見つける力の訓練であると同時に、創造力の養成でもあるのです。

■出口を見つける感覚を研ぎ澄ます

余分な情報を遮断し捨てると、出口が見つかる

つまり、**問題の核心に近づくための最も重要なポイントは、情報を集め、内容を理解したうえでそれを捨てること**です。

この作業は、真っ暗闇の洞窟で出口の方向を探す行為に似ています。暗闇に閉じ込められたら、最初は誰でも灯りをともして周りを確認するでしょう。これは情報を集めることと同じです。それですぐに出口が見つかることもあります。

しかし、それで解決しなかったら、どうしたらよいでしょう。次に私たちがすべきことは、灯りを消すことなのです。

そうすることで、出口からかすかに届く

光、風、音を感じ取ることができます。つまり、余計な情報を遮断し捨て去ることで、出口を見つける感覚を研ぎ澄ますことができるのです。

現代は「情報を集める」方法ばかりが発達した時代です。だからこそ、「捨てる」スキルはますます重要になっていくと思われます。この習慣を身につけることで、問題の核心にたどり着ける可能性は格段に高まります。

これこそが「問題を見つける力」を養い、「考える力」を鍛えるための極意なのです。

流行りのテーマは捨てたほうがいい

この講で解説したのは、あなた自身が興味を持ち、取り組みたいと考えるテーマについての問題意識を高め、問題の本質を理解するための方法でした。これは「考える力」を鍛えるための基礎体力づくりに相当し、言わばホップの段階です。次講からは、その問題を解決へと導くためのテクニックについてお話しします。これはステップの段階です。

しかし、その前に1つアドバイスをしておきたいことがあります。それは、テーマの選び方です。世の中には、それぞれの時代において注目を集めている流行のテーマがあります。ビジネスでも学問の世界でも同じです。「今取り組むべき課題」として多くの人々に認められている流行りのテーマは、脚光を浴びることができ、また、実際に重要なものが多いのです。

そのため、多くの人は無意識のうちに、こうした流行りの課題・テーマに飛びついてしまう傾向があります。特に、この傾向はいわゆる「要領の良い人」に顕著です。なぜなら、問題を自ら見つけ出す手間が省け、しかも解決したあかつきには大きなリターンが得られるように思えるからです。

しかし、これは実際には成功確率の低い、大変効率の悪い方法なのです。

学問の世界で言うと、大勢の研究者が取り組んでいる流行の分野は、すでにあらゆる角度から奥深くまで研究し尽くされていて、新たに参入した人間が取り組むべきオリジナリティの高い問題が残っていることはめったにありません。もちろん、こうした分野でも大きな成果が得られることもありますが、それはたいていの場合、初期の段階からその分野に携わっている人々やその周辺にいた人々によるものです。

それでもなお、流行っていることに非常に強い興味を感じ、先行集団を追い越す自信がある人ならば、流行を追いかけてもいいでしょう。しかし、それ以外の人にお勧めできる戦略ではありません。能力のある人が競争に巻き込まれ苦労しても、先頭集団の人の後追いという二番煎《せん》じの成果しか望めないからです。どんな人もオリジナルなことができる可能性があるのですが、安易に流行を追ってしまうと、その可能性を自ら摘《つ》み取ってしまいかねません。

これに対して、自分で考え出したテーマならば競争に急かされることはありません。じっくり取り組む余裕が持てます。たとえ時間がかかったとしても、あなたにしかできないオリジナルなことができるので満足度も高く、ユニークな成果を生み出すことができるでしょう。

あなたの身の周りに、こういうタイプの人はいませんか。いつもなぜかゆとりがあって、あくせくしていない。それなのに仕事はできる。こうした人は、他の人々と同じ問題を追うことを意識的に避け、独自の問題を見つけようとする姿勢を貫いている人です。

私は新しく研究を始める学生には、いつもこのことをアドバイスするようにしています。そして、そのことを理解した学生は例外なく独自の研究テーマを見つけるようになります。

私たちが取り組むべきなのは、周囲の流行とは関係なく、自分の頭で考え、見つけ出した課題なのです。ですから、**流行のテーマはおすすめできません。**それをやってもよいのは、よほど自分の実力に自信があるか、従来のアプローチを覆すような斬新なアイデアがひらめいたときだけです。

問題の核心を浮かび上がらせる「地図メソッド」を活用する

膨大な情報の中から「まだ分かっていないこと」を明確にし、問題の核心を浮かび上がらせる作業を実際に行うのは意外にむずかしいものです。あらかじめ具体的な手順を決め、システマティックに処理できることが望ましいです。

そこで、第1講の内容を整理する意味で、私が実際に使っている本質抽出のテクニックである「地図メソッド」を紹介しましょう。

(1) テーマに関連のありそうな情報を徹底的に収集する

〈ポイント〉 一度に集め過ぎないよう注意。ある程度集めたら、そのつど(2)に移ってください。(2)がさらなる情報収集を効率的にします。

(2) 情報をふるいにかける

〈ポイント〉(1)で集めた資料を丹念に読み、問題の核心につながりのあるキーワード、周辺知識を自分の言葉で要約したものをメモ化し、それ以外を捨てます。メモも必要なくなったら、そのつど捨てます。

(3) 前記(1)(2)の作業を繰り返す

〈ポイント〉(1)と(2)は間隔をあまり空けないように実行すること。集中的な作業をすることで問題意識が高まり、情報収集の能率を上げることができます。

(4) 情報地図の作成

(1)(2)(3)をある程度続けたら、1枚の大きな紙に「分かっていること」と「分かっていないこと」をリストアップした自分なりの一覧表(情報地図)を作成しましょう。

〈ポイント〉分かっていることをキーワード化して地図上に書き込んでいくと、分かっていることの相互の関係が整理され、逆に何が分かっていないのか（未開拓の部分がどこにあるのか）を可視化することができます。

（5）本質の抽出

問題の本質（核心部分）を抽出する作業です。

〈ポイント〉（4）の作業で分かっていること、分かっていないことを整理していくと、ある部分を解明することでこれまで部分的にしか分かっていなかったことの全体が理解できることが分かるようになります。その「ある部分」こそが、解明しなければならない問題の核心なのです。また、地図を見ながらまだ「分かっていないこと」の中で何が本当に重要なことなのかを検討し、リストを作成します。

(6) 問題の選別

(5)で作成した「分かっていないこと」のリストの中から、「分かりたいこと」を選択する。

〈ポイント〉これがはっきりしないときは、リストを参考にさらに「分かっていないこと」に関わる情報を集め、(1)に戻って作業を続けてみる。問題を選別するときの判断基準は、仮にそれが分かったとしたら、どれくらいインパクトがあるかを想像してみることです。そうすることでやるべきことの優先順位がおのずと明らかになります。

(7) 問題の解決

選び出した問題の解決に全力を集中する。

これが私が実践している地図メソッドです。(4)～(5)の行程で、「分かっていること」と「分かっていないこと」を整理し、それらをキーワード化したものを「地図」に書き込んで可視化することがポイントです。こうすることで、分かっていることやまだ分かっていない事項の関連が浮かび上がってきて、「分かりたいこと」を明確に絞り込むことができるようになります。

なお、(6)の「問題の選別」という作業には注意点が3つあります。

・**すぐ解決できる問題は選ばない**
↓価値、オリジナリティ、メリットが小さいからです

・**流行っている問題は選ばない**
↓競争が激しければ激しいほど、利益(成果)が少なくなるからです。人生は厳しいですね。ただし競争に勝てる自信がある場合、あるいは、負けるわけにはいかない理由がある場合はもちろんその限りではありません

・**最大限努力しても解決できそうもない問題は選ばない**
↓夢を追い求めることは大切ですが、そのときは本気で実現しようと自分に誓えるものでなければなりません。そうでないと、心の奥底でできなくても仕

方がないという言い訳の心理が働いてしまうからです

つまり、**「問題の選別」で重要なことは、自分の力を最大限発揮することで解決できるオリジナルな問題を選ぶこと**だと言えます。

ここで特に強調しておきたいのは、3つめです。絶対にできないと分かっている問題に取り組むリスクはとるべきではありません。もし、とったとしてもそのような乾坤一擲《けんこんいってき》の勝負は人生で一度きりにしておきましょう。

よく起こるのは、一度目の成功に気をよくして二度目をやってしまうというケースです。これはギャンブルの心理と同じで、必ず失敗します。豪胆な印象の強い織田信長でも、そのようなリスクをとったのは「桶狭間の戦い」一度きりでした。それ以降は、勝てると確信が持てるまでは動かず、周到な準備をしたうえで、確実に勝てる状況になってから戦っています。

同じ戦国武将である徳川家康は、最初のリスク（三方が原の戦い）で大敗北を喫したあとは、それを教訓として絶対に勝てると判断できるようになるまで辛抱づよく環境整備をしたうえで戦《いくさ》を始めるようになりました。つまり、自分と自分を取り巻く双方の状況を冷徹に分析したうえで、実力を最大限発揮できるぎりぎりのところに目標を設定していたのです。

実現できそうもないからといって「夢」を諦めるのは残念に思われるかもしれませんが、失望する必要はありません。世の中には面白い問題はいくらでもあります。「地図メソッド」を実行してみると、取り組む価値のあるテーマはいくらでもあることに気づくはずです。そして、そのような精一杯の努力を積み重ねて実力を蓄えていくと、今はとてもできないと思う「夢」を実現できる日が来るかもしれません。

創造的なテーマほど、解決するためには長い年月が必要です。やりたい問題がたくさん見つけられるのは幸せなことですが、そのすべてに安易に飛びついてはいけません。やりたい問題に優先順位をつけ、「これだけは自分が取り組みたい」という問題を選択してください。人生は有限です。**「何をやらないか」は「何をやるか」と同じくらい重要**なのです。

■地図メソッドの活用法

1. テーマに関連がありそうな情報の収集
2. 情報をふるいにかける
3. 1と2を繰り返す
4. 情報地図の作成
5. 本質の抽出
6. 問題の選別
7. 問題の解決

（4 情報地図の作成 ▶▶）

分かっていること	分かっていないこと
・	・
・	・
・	・
・	・

＊「分かっていること」と
「分かっていないこと」をリスト化

（6 問題の選別 ▶▶）

分かっていないこと
・
⊙
・
⊙

＊「分かっていないこと」のリストから
「分かりたいこと」をピックアップ

情報地図を作成することで問題の本質を抽出し、
取り組む価値のある本質的な問題を選別することができる

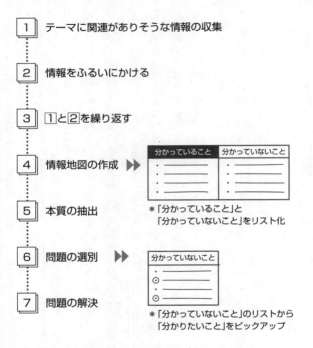

[第2講]

「解く力」を身につける!

創造的な問題を解く方法は、自ら編み出すしかない

前講では、「考える力」を鍛える方法の第一段階として、「問題を見つける」ための手順を紹介しました。いよいよ次は、その問題を解く方法についてのお話です。ここで必要とされるのが「解く力」です。

解く力とは、あなたが取り組もうと決めた問題や課題を解く（解決に導く）ための能力です。あなたが自分自身で考え、見つけ出し、創造した問題には答えがありません。まだ誰も考えてみたことのない問題なのですから、当然ですね。どれだけ検索しても、答えはどこにもないのです。

それだけではありません。もしかすると、答えが存在しないこともありえます。たどり着くべき答えが複数ある可能性もあります。

そして、この問題には、参考になる「解き方」も存在しません。受験勉強の

ように過去問を参照することはできないのです。

つまり、創造的な問題とは、答えがあるかどうかも分からず、解き方さえも存在しないものなのです。あなた自身が解き方を編み出していかなくてはいけません。

どうしたらいいのだろうと戸惑う人は多いでしょう。しかし、本来、価値ある創造的な仕事はそうしたプロセスを経て生まれるものです。試験問題のように、あらかじめたった1つの解答が用意され、例題を解くことで解き方がトレーニングできるのは、学校教育のような世界だけのこと。または、マニュアルで対応できるような、過去の事例が参照できるケースだけです。

「大変そうだ」と思われるかもしれませんが、このような問題こそ私たちが真剣に取り組み、考える価値のあるものだと言えます。

もちろん努力は必要ですが、この過程で得られる満足感はとてつもなく大きなものです。解決したときには、努力に見合うだけの達成感が得られるだけでなく、なによりもその過程であなたの「考える力」は大いに鍛えられるのです。

複雑な問題を「類型化」して、まずシンプルにする

では、創造的で新しい問題・課題にはどう取り組めばよいのでしょうか。

解答に至るプロセスも自分自身で創造しなくてはいけないのですが、そのすべてが試行錯誤というわけではありません。そこにはある手順が存在します。

たとえば、ここに動かなくなった機械があるとしましょう。故障の原因はまったく分かりません。この機械を修理するとき、あなたはどうしますか。

おそらく最初はあらゆるスイッチを押してみるでしょう。まったく反応がなければ、分解することになるはずです。すべてのパーツを1つずつ点検しながら、原因となるポイントを探っていきます。そして故障箇所を見つけ、その解決に集中します。

問題を解く作業は、これに似ています。複雑な問題をパーツに分解してシン

プルにし、解決可能なカタチに変えていくのです。

カンタンに答えの出せない問題は、多くの要素が複雑に絡まり合って構成されているものです。全体を一度に扱うには複雑すぎて、どこから手をつけていいのか分かりません。しかし、**複雑な問題を「要素」に分解することができれば、それぞれの要素について解決可能なものから1つ1つ解決していくことが可能**です。そして**最後に残った問題（問題の核心）に全力をあげて取り組む**のです。

手順を図式化して解説してみましょう。

たとえば、A大学の入学試験に合格するという課題を解決するための手順を図式化してみましょう。次ページが、問題を類型化し、解決可能にするプロセスのモデルになりますが、もちろん、実際にはこの流れはもっと複雑になってきます。

典型問題を解いていて、苦手なタイプの問題につきあたったとします。そのような苦手な問題に対処するには、いったんその問題の基礎事項に立ち返って

■問題解決のためのプロセスの例（A大学合格の場合）

A大学合格 ● ― 問題の設定

↓

過去問と傾向の分析 ● ― 類型化

↓

＊入試問題は広い範囲から出るので、勉強する対象が複雑で多すぎる。しかし校風や求めている学生のタイプによって出題される内容〈記述重視・論理力重視など〉に傾向がある。過去問を分析し、どんな型の問題が出ているかを調べる

典型問題と類似問題のリスト化 ● ― 要素化

↓

＊A大入試で頻出している型の分類、過去問の出題傾向などから、次に出題されると予測できる典型的な問題のパターン〈典型問題〉とそれに似たタイプの類似問題をリストアップ

↓

実際に問題を解く ● ― 各要素の個別解決

＊典型問題と類似問題を１つ１つ解いていく。その結果、A大学の入試に出やすいタイプの問題に対応できるようになる

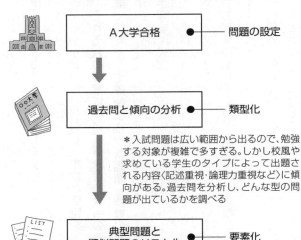

学ぶことが必要です。そのうえで、苦手な問題をいくつかのパターンに類型化し、それに類似した典型問題を選び、基礎的な問題から順次解いていくことが課題を効率的に克服する近道になります。基礎を理解することなくむずかしい問題をいくら解いても、応用力がつかず、努力が空回りしてしまいます。

もう1つ事例を挙げましょう。

たとえば、鍋料理をつくったら、前回よりもおいしくなかった。この問題を解決するには、どうしたらいいでしょうか。

おいしくないのには、きっと原因があるはずです。可能性のある要因を、「スープ」「具材」「調理」の3つに分解します。スープ、具材が前回おいしかったときと同じだとすると、原因は調理にある可能性が高いと判断できますね。このような判断のプロセスは、たいてい頭の中で瞬時に行われてしまいますが、これは類型化、要素への分解、そして個別要素の検証そのものです。

こうして、解決すべき課題として調理が浮かび上がりました。ここで再び、同じモデルが適用できます。調理に関わる各要素（道具や調味料、手順など）を1つずつ洗い出し、変化させてみます。そうすることで、おいしくするための方法が見つかるはずです。

やさしい課題はたいてい1つか2つの要素を理解すれば解決しますが、むずかしい問題になるほどいろいろな要素を組み合わせて解くことが要求されます。だからこそ糸が絡まないように、丁寧に1つずつほどいていく作業が大切なのです。

ちなみに、入試で「良問」とされる問題は、いくつかの基礎的な事項を組み合わせることによってつくられていますので、これを解くためには、問題を要素に分解する分析力が求められることになります。高度な知識ではなく、いろいろな要素を柔軟に組み合わせる応用力や思考力を持った学生を見出すために、こうした問題を出題するのです。

このような複雑な問題の本質をスパッと見抜いて解ける人を、私たちは「地《じ》頭《あたま》がいい」と言ったりしますが、こうした入試は本書でいう「考える力」を測ることを目指していると言えるでしょう。

しかし、そのような問題をつくるには膨大な時間と人的資源が必要で、また、採点にも時間がかかるため、実際にそれを実行している学校は残念ながら多くはありません。しかし、本来、入試は検定料で大学が収入を得ることを目的とするのではなく、大学が必要とする人材をリクルートするための投資であるべきだと思います。当然、企業のリクルート活動も同じでしょう。

話がすこしそれましたが、**「類型化」「要素化」「各要素の個別解決」という段階を追うモデルは、たいていの問題・課題に適用できる有効な方法**なのです。

「解く力」の基礎として、マニュアル力を活用する

本書では、学校教育や受験勉強で学び、鍛えられる基本的な能力のことを「マニュアル力」と呼んでいますが、この能力だけでは創造的な仕事はできな

いことはすでにお話ししました。しかし、私はマニュアル力を意味のないものだとは思っていません。

この能力は、創造的な仕事をするための基礎力として活用でき、また、しばしば有用なものだからです。

サービス業を例にとってみましょう。

この業種は、顧客が期待しているサービス（課題）を明確に決められる場合が多いと言えます。つまり課題をパターン化（類型化）し、顧客の要望を満たす（解く）手順をかなりはっきりと決めることができるのです。

そのため、サービス業では詳細なマニュアルを作成し、それを社員教育に役立て、積極的なチェーン展開を可能にしている企業が多くみられます。

「あのチェーンレストランなら、どのお店でも期待どおりのサービスが受けられる」

「あのホテルなら、初めてでも安心して予約できる」

マニュアル化されたサービスでは、それぞれの個性やオリジナリティという特徴は出せませんが、質が保証されているという安心感や信頼感を確立できるのです。その結果、リピーターの確保にもつながるというわけです。

マクドナルド、スターバックス、リッツ・カールトンのような世界的なチェーンが高い評価を受けているのは、こうしたマニュアルに基づいた徹底的な社員教育が行われているからです。ディズニーランドは、顧客に夢すら与えられるという、マニュアルが理想的な高みに達したビジネスモデルと言えるでしょう。

これらは、先ほどの「類型化→要素化→各要素の個別解決」というモデルを使って、複雑なビジネス上の課題をすべての従業員が「マニュアル」できめ細かく解決できるようにした事例です。

このように類型化によって「解くことのできる問題」に落とし込まれた各要素を個別に解決する際には、マニュアル力で培った「類型化された個別の問題を正しい手順どおり解く」という能力を活かすことができます。

また、複合的な問題を絡まった糸を解きほぐすように要素に分解して適切に処理する際にも、マニュアルはある程度役に立ちます。

つまり、受験勉強で身につけた**マニュアル力は、解く力を高める基礎力として活用**することができるのです。これは、優れたアスリートや芸術家になるためには、基礎トレーニングが欠かせないことと同じです。受験勉強をきっちりやった人は、すでにこの基礎トレーニングができているはずです。学歴を重視しないと公言している企業のリクルート担当者が、実際には学歴を「参考」にしているのは、受験勉強が実社会の実務においても役立つという経験事実を反映しているからでしょう。

しかし、受験勉強を経験しなくても、マニュアル力を高めることはできます。マニュアル力はしっかりとしたマニュアルが手に入れば、機械的に身につけることができる力なのです。

これに対して、考える力を身につけるためには、以下で述べるように分析的な態度を意識的に身につけることが必要です。ここで大切なことは、考える力は天性のものではなく、こうした手順を踏むことで、だれでも鍛えることができるということなのです。

「創造力」は「考える力」の上に成立し、「考える力」は「マニュアル力」の基礎の上に成り立っているのです。そして、これらの力はいずれも意識的でシステマティックな普段の努力を通じて身につけることができます。

「類型化を多角的に行う」のが答えの見えない問題を解くコツ

創造的な問題には、決まった答えがあるとは限りません。なぜなら、従来のマニュアル通りの手法で解けるような問題のほとんどは、誰かがすでに解決してしまっているからです。言い換えれば、簡単には解けないからこそ、あなたが取り組む価値があるのです。

でも、恐れることはありません。想定外のことに対応できるよう、**問題を広角的に分析し、多角的な対策を立てることで、「答えが1つに決まっていない**

問題」にも対処できるようになります。

再び、入試問題を例にとってみましょう。

受験生は、志望校の過去問をチェックするというお話をしましたね。実は、過去問をチェックするのは学生だけではありません。学校側だって「考える力」を持った学生に入ってきて欲しいと思っていますから、過去問をチェックし、同じパターンで解ける問題を避ける努力をしているのです。過去問の傾向を外れた問題が出題されることがあるのは、このためです。これに対応するため、受験生は過去問だけではなく、その周辺の問題にも対応できるように準備をしなければなりません。そのうえで、出題範囲にありながら最近出題されていない分野の問題の対策を立てることで万全な準備ができるのです。

これが「問題を広角的に分析し、多角的な対策を立てる」ということです。

サービス業でも、同様の対策がとられています。なぜならマニュアル化されたサービスは、どうしても画一的なものになりがちだからです。多くの企業は、他社との差別化を図り、付加価値をつけるためにどうすればよいかに苦心しています。その1つの方法は、まだ他社が気づいていない顧客のニーズをさらに掘り起こし、きめ細かく対応するやり方です。これに対応できるように新たにマニュアルで定め、それをしっかり実践できるように社員教育をします。つまり、マニュアルを常に進化させているのです。

もう1つのアプローチは、こうした教育を進めるのと同時に、マニュアル外の要求にも柔軟に対応できるようにしていくことです。そのためには、さまざまな状況を広角的に想定し、対策のシミュレーションをしなければなりません。実際、このような対策がしっかりとできている企業は顧客の信用も高くなるものです。

つまり、しっかりとしたマニュアル力の次には、想定した状況からの変化に柔軟に対応できる考える力が要求されているのです。「マニュアル力」と「考える力」は連続的につながっているのです。基本的なプロセスは次のようになります。

・複雑な問題を類型化する
↓
・要素に分解する
↓
・各要素を個別に1つ1つ解決する
↓
・解決できなかった要素があった
（または各要素は解決できたが、最初の問題の解決にはつながらなかった）
↓
・その問題の解決のために足りない要素は何かを分析し、もう一度トライする

中国の兵法書「孫子」に、こんな言葉があります。ご存知の方も多いでしょう。

「彼（敵）を知り、己を知れば百戦殆《あや》うからず」

戦う敵と味方の戦力、長所・短所をつぶさに調べ上げたうえで戦いに臨めば、100回戦ったとしても敗れることはないという意味ですね。

これを本書の言葉で言い換えれば、課題（敵）が現れたときは、それに関する情報を徹底的に集めて、類型化し、要素に分解する。さらに想定される課題を洗い出し、それを新たに類型化することで自らの弱点を1つ1つ克服すれば、どんな課題にもあわてることなく柔軟に対応することができるのです。

それだけではありません。もし敵が想定外の行動に出た場合（ひねった問題、マニュアルに書かれている以外のシチュエーション）にどのように対応するかも、可能な限り事前にシミュレーションして検討するべきです。それができれば、不安なく物事に対処できます。

ちなみに私は「彼を知り、己を知る」という言葉には、「時を知る」も含めるべきではないかと思っています。戦い方だけでなく、戦いを避けるべきときも見極めるという意味です。第1講の最後でも少し触れましたが、取り組むべきテーマを選択する際に、「頑張ればできる」のか、あるいは「最大限頑張ってもできない」のかを見極めることは非常に重要です。

注目を集める流行のテーマは一見華やかですが、敵（競争相手）が多すぎます。自分は彼らとの戦いに本当に勝てるのかを見極める必要があります。そうでないと、結局は二番煎じの仕事しかできなくなります。ビジネスにおいても、薄利多売の消耗戦に巻き込まれてしまいます。

また、自分の能力では明らかにできないことが分かり切っている課題に取り組んで、無用なリスクを冒すこともお勧めできません。それは自殺行為です。もちろん、人生にはそのような大勝負が必要な場面もありますが、それは一生に1度か2度だと思ってください。勝負の時期をずらすことで、たとえ今はできなくても状況が変われば可能になるケースもあるのです。

この判断は最終的には直感で決めるしかないのですが、**情報収集とその分析がしっかりできていれば、状況を見極めるために必要な「直感力」は確実に高まる**でしょう。こうした作業を意識的に行うことによって直感力も磨かれてきます。状況がよく見えてこそ、直感も冴えるというものです。大きな目標を見定めたうえで、それを解決が可能な問題へと分解し、それを1つ1つ克服していくことが必要です。

また、解決がむずかしいと分かっているがどうしてもやりたいと思う場合も、やみくもにトライするのではなく、問題を何段階かに分解したうえで、ぎりぎり到達可能な目標を段階的に設定するのがよいでしょう。

難問の要素を分解してそれらを個別に解決していくという方法は、部下をリードしたり、学生を指導する際にも応用することができます。どんなに先見の明があるリーダーであっても、その目標がグループ員に共有されていなければ部下はついてきません。また、たとえ目標が共有されても、それが実感できないくらい遠いものならば、日々の努力のモチベーションは下がってしまいます。

高い目標を設定し、それをグループ員に共有してもらい、そのうえでそれに到達するためのいくつかのマイルストーンを設定し、それらを1つ1つクリアさせるのです。そうすることで、グループの構成員は自分が今どこにいてどこに向かってどの段階にいるのかを理解でき、チームの一体感が高められます。そしてなによりも、段階的な成功体験を通じて各構成員の能力を最大限に引き出すことができるのです。

あえて回り道をする「キュリオシティ・ドリヴン」の方法

問題や課題に取り組むとき、私たちはつい直線的にゴールを目指してしまいます。そのほうが効率がよさそうに見えるからです。しかし、必ずしもそうではありません。特に答えに至る道筋が分らないときには、回り道をしたほうが上手くいく場合も珍しくありません。

ここでキーワードとなるのが、好奇心（=curiosity）です。

2005年にノーベル物理学賞を受賞したテオドール・W・ヘンシュ博士がよく使うスライドの1つに、ニワトリとヒヨコが描かれている絵があります。

ニワトリは柵のすぐ向こう側にあるエサを目ざとく見つけますが、柵にさえぎられてくちばしが届かず食べることができません。一方で、好奇心のおもむくままに動き回るヒヨコは回り道をしながら、いつの間にかエサとは反対側の柵の切れ目から外に出てしまい、エサにたどり着けるというものです。

ヘンシュ博士は、脇目も振らず目的に向かって一直線に突き進もうとするニワトリの行動を「ゴール・オリエンテッド（goal-oriented、目的志向型）」、好奇心のおもむくままに行動しようとするヒヨコの行動を「キュリオシティ・ドリヴン（curiosity-driven、好奇心主導型）」だと説明し、研究における後者の重要性を強調しています。

ゴール・オリエンテッドとは、目標（ゴール）を明確に定め、そこに向かって最短距離を一直線に進んでいこうとする目的志向型のアプローチです。企業や国におけるプロジェクトや研究開発など、さまざまな分野で幅広く用いられている手法です。

■ゴール・オリエンテッド（ニワトリ）とキュリオシティ・ドリヴン（ヒヨコ）の行動の違い

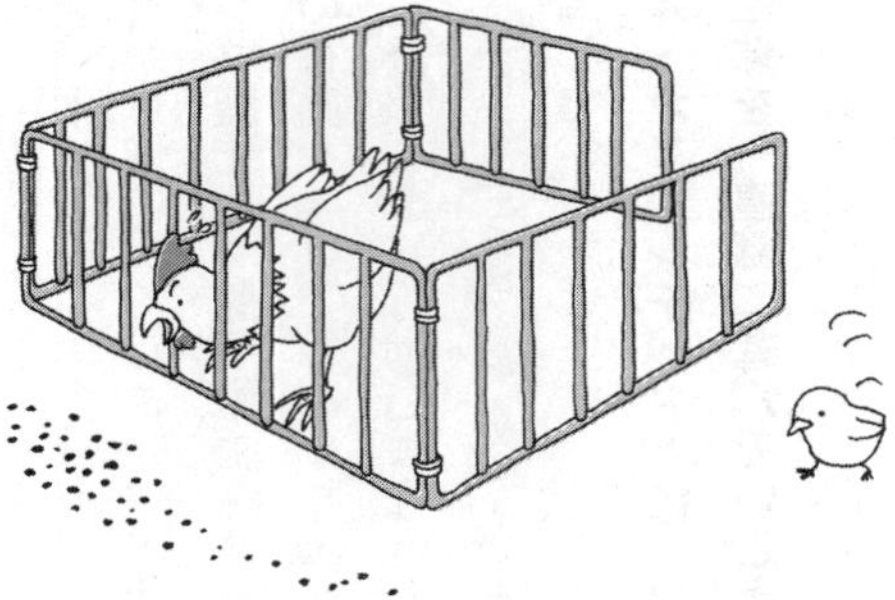

たとえば、コンピュータのチップ開発は、この方法が特に有効だとされる分野の1つです。次世代チップの目標スペックをあらかじめ決め、傑出した能力を持つ開発者をトップに据えたプロジェクトチームがスケジュールを組んで開発にあたるのです。

企業が将来の「ビジョン」をまず掲げ、そこから今やるべきことを決めていくのもこの手法の一種と言えます。学問や研究開発の分野で国が「戦略目標」を立て、そのビジョンにそった提案に研究費を優先的に支出するやり方がよく採られますが、これもゴール・オリエンテッドの典型例と言えます。

ゴール・オリエンテッドな研究開発は、納税者である国民や株主に対する説明がしやすいというメリットがあります。他方、まさにこの理由のために安易な「戦略目標」が特定の業界の既得権益を守るために立てられるという危険性もあります。そのような戦略目標のもとに進められた研究開発は、組織に利益をもたらさないばかりか、組織全体の衰退をもたらす危険性すらあるのです。

トップの判断のミスが会社の経営を危うくしたという例や、国の大型プロジェクトが設定された目標を達成できずに莫大な税金が無駄になったという例は、枚挙にいとまがありません。実は、多くの集団を導くにふさわしい戦略目標を立てるには、卓越した先見の明が必要です。そして、そのような先見の明を持った人が誰なのかは結果を見ないと分からないことがほとんどなのです。これがゴール・オリエンテッド型の経営や研究開発に潜む危険性です。

これに対して、キュリオシティ・ドリヴンという言葉は耳慣れないし、ピンとこない方も多いでしょう。ここでは「好奇心主導型」と訳しておきます。

キュリオシティ・ドリヴンでは、ゴールとは一見関係なさそうな方向に、好奇心のおもむくままに進みます。一見、非合理・非効率に見えますが、ゴール・オリエンテッドとはまったく違う、**当初の目的に縛られない自由な発想を得ることができる**のが特徴です。ヘンシュ博士は、独創的な研究の進め方としてこのやり方を推奨しています。

そうは言っても、やはり遠回りするのは非効率に見えるでしょう。ところが、実は世界を揺るがせた大発見の多くは、ゴール・オリエンテッドではなく、キュリオシティ・ドリヴン的な「脇道」で見つかっているのです。

小柴昌俊博士のノーベル物理学賞授賞は「天体物理学、特に宇宙ニュートリノの検出に対するパイオニア的貢献」が理由になっています。しかし、小柴博士がつくったカミオカンデという観測装置は、もともと陽子崩壊という別な現象を検出するためのもので、ニュートリノの研究は主たる目的ではありませんでした。ところが、数百年に一度しか起こらないといわれる、宇宙のかなたで起こった超新星爆発によって放出されたニュートリノを、そのカミオカンデが観測できたのです。

この発見は、ニュートリノを使って宇宙の歴史を研究する「ニュートリノ天文学」というまったく新しい学問分野の創成につながりました。しかし、これは、いわば当初の目的とは異なった「脇道」で起こったことなのです。

タッチパネルなどに使われている導電性高分子（ポリマー）の発見も、白川英樹博士の研究室にいた研究生が、通常使用される1000倍もの量の触媒を加えてしまったことがきっかけでした。常識はずれの濃度の触媒を加えてしまうというハプニングのために、以前は粉末状のものしかできなかったポリマーがフィルムになったのです。このミスがなかったら、白川博士のノーベル化学賞授賞も、私たちが日々使っているタッチパネルも存在しなかったかもしれません。

キュリオシティ・ドリヴンはこうした「脇道」「横道」の効用をたんなる偶然の産物としてではなく、むしろ積極的に取り入れようという戦略です。もちろん、ゴール・オリエンテッドのほうが成果があがる場合もたくさん存在します。そのことを踏まえつつ、脇道・横道を排除しないことが大切です。

普段はまっすぐゴールを目指して走っているのだけど、折に触れて好奇心をはたらかせてあえて道草をしてみるという心の余裕が、新しい発想を生むというイメージでしょうか。遊び心を大切にする物事の進め方と言ってもよいかもしれません。自ら設定した目的をしっかりと見据えて歩みつつも、脇道に見慣れない石が転がっていたら、ちょっと足を止めてそれをじっくりと眺めてみる。そのような**広い視野と柔軟な姿勢が物事を多角的に見る目を養い、斬新な発想を生むための頭の訓練となる**のです。

「半導体におけるトンネル効果の実験的発見」でノーベル物理学賞をとった江崎玲於奈博士の発見も、不良品のトランジスタを解析する過程で偶然発見されたものだそうです。

この場合も、不良品を単にチェックするだけで終わっていたら、発見にはつながらなかったでしょう。その背後にある物理現象を好奇心を持って探究したからこそ、トンネル効果の発見に至ることができたのです。

一方、キュリオシティ・ドリヴンをビジネスの分野でも活用している事例があります。その代表例がグーグルです。グーグルには、**勤務時間の20%をそのとき関わっているプロジェクト以外の好きなテーマの研究に使ってよいという「20%ルール」**があるそうです。Google Newsなどのアイデアはこの20%の時間から生まれたものですし、また、先の東日本大震災で大いに活用された安否確認サイト「パーソンファインダー」は、グーグル日本法人に勤める社員たちの思いつきによって地震発生2時間後には動き出したそうです。

もちろん、企業にはその時々の目標があるでしょう。それをできるだけ効率的に達成できるよう、ゴール・オリエンテッド的に社員を導くことは企業戦略としてなくてはならないものだと言えます。しかし社員の可能性を信じ、キュリオシティ・ドリヴンの効果によって自由な発想を引き出そうとする20%ルールも、とても興味深い戦略であると言えるでしょう。自ら考えることが好きな優秀な人は、そんな魅力的な企業に就職したいと希望するでしょうから、リクルート戦略の点から見ても優れていると思われます。

さて、学問の世界はどうでしょうか。

大学の研究室の運営方針はさまざまです。ある研究室では、教授の明確なリーダーシップのもと、研究室全体が一糸乱れずゴール・オリエンテッドで研究を推進しています。この方法は、教授の能力が研究面・運営面の両面で傑出している場合には、特に有効です。その一方で、教授を超える人材が育ちにくいというデメリットも生じます。研究員や学生が教授の頭脳に全面的に頼ってしまうからです。

これは、一代で起業した社長がワンマン経営をしている会社にも当てはまることですね。その社長がいる間は安泰だったのに、次の世代になると急に業績が悪化してしまったという事例は数多く見られます。業績を維持しつつ、自分の後継者を育成することにも心を砕くのが、会社経営を持続可能なものにする本当に優れた経営者だと言えるでしょう。

私の研究室では、グーグルの「20％ルール」を「100％ルール」に近づけるよう努力しています。研究室の学生に「私が指導できるテーマであれば何を研究してもいい」という方針を、最初に宣言しているのです。「何をやってもいいなら楽だ」と思われますか？　実はそうではありません。学生にしてみれば、研究テーマを自分で見つけなければならないので、ある意味いちばん厳しい研究室なのだと思っています。

実際、自分が本当にやりたい研究テーマをなかなか見定めることができず、戸惑うケースも少なくありません。しかし、私の経験では、学生の能力を信頼し、彼らが自分でテーマを見つけられるまで辛抱強く対話を重ね、それぞれの学生に合った適切なアドバイスを与えていくと、学生は次第に自信をつけていき、思いもよらない独創的な研究テーマを見つけ出すことができるのです。

学生に好きなことをやらせるのなら教員も楽と思われるかもしれませんが、そうではありません。それどころか、実際は非常に大変です。なぜならば、「それぞれの学生に合った適切なアドバイス」を与えるためのマニュアルが存在しないからです。どんなアドバイスが適切かを、その時々で見極める必要があります。

では、そのためにはどうすればよいか。私が取っている方法は、学生の話をよく聞くということに尽きます。話をよく聞いて、目の前の学生がどんなことをしたいと考えているのか、何に躓《つまず》いているかを「対話」を通じて読み取らなければなりません。それを正確に読み取ることができれば、学生が望むことを実現するためにはどんな方法が考えられるかを、経験に基づいてアドバイスすることができます。

このような場合、私は「こうしなさい」と「最適解」を与えることは通常はしません。むしろ、いくつかの可能性を提示して、それぞれの可能性のメリットとデメリットを学生と一緒に検討するようにしています。そうすることで、学生は自分の頭で多角的に検討したうえで、最終的な判断を自ら下すようになるからです。それが、私が心の中で思っている「最適解」と異なる場合であっても、私は基本的には学生の判断を尊重します。なぜなら、学生が自ら選んだ方法で問題をよりよく解決することを幾度となく経験してきたからです。

ほとんどの学生は、何かをゼロから自分で考えて、やりたい問題を見つけ、それを解決にまで導くという経験をしたことがありません。それどころか、研究室に入るまでは、授業や試験など答えが存在することが保証されている課題を与えられ、それをいかに正確に解くかという訓練を積んできています。ですから、いきなりやりたいことを何でもやれと言われると戸惑ってしまうほうがむしろ自然なのです。

自分がやりたい問題を見つける、そのためのシステマティックな方法の1つが、第1講で紹介した「地図メソッド」であり、その問題を解く方法が問題を要素に還元して個別に解決していく方法なのです。これらを実践することで、学生たちは自ら考え、創造するということがいったいどういうことなのかを実体験を通じて学んでいくのです。

日々忙しい生活を送っている社会人の方々にとっては、好奇心のおもむくままに「脇道」「横道」にそれる余裕がないと思われるかもしれません。目の前にある課題をゴール・オリエンテッドにこなすだけで精一杯だという人もいるでしょう。

■キュリオシティ・ドリヴンの効用

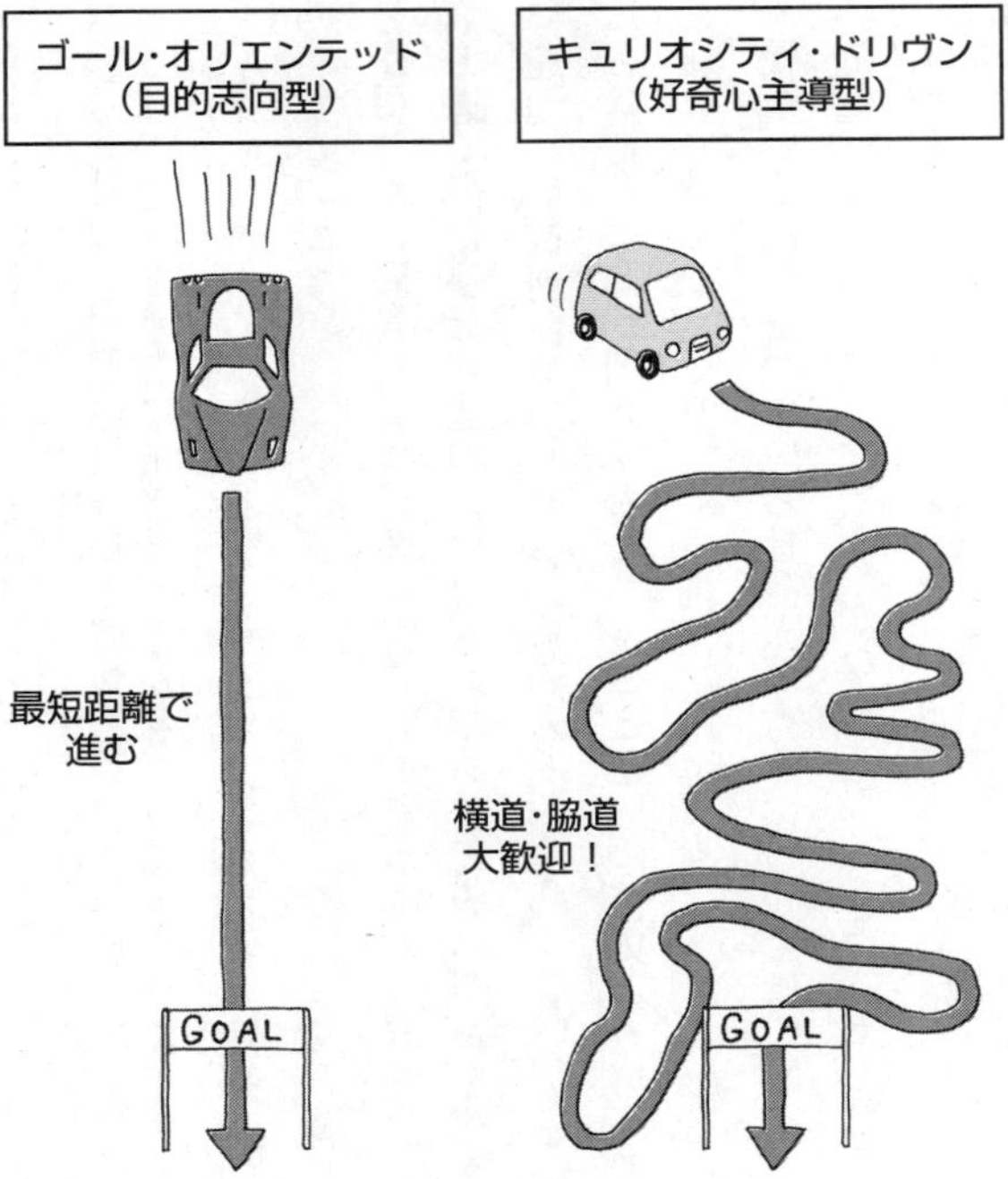

大発見を生みやすいのは
キュリオシティ・ドリヴンのタイプ

しかし、**努力して時間をつくり、そのなかで自分なりの「20%ルール」を生活に取り入れる習慣をぜひ身につけてください。**好奇心のおもむくまま、いろいろな課題にチャレンジしてみてください。そうすることで**自らの発想が自由になり、視野が広がるにつれ、日々の課題もこれまでとは違った視点から眺められるようになる**はずです。

このような小さな努力を積み重ねることで、次第に物事を広角的に見ることができるようになり、豊かな発想が自然と湧き出してくることを実感できるでしょう。

「分かってるつもり」と「知ってるつもり」は落とし穴

問題を解くときに陥りがちな落とし穴が「分かってるつもり」と「知ってるつもり」です。こうした事柄は当然だと思いこんでいるがために、検討しなければならない課題を見過ごしてしまいがちです。**「知ってるつもり」「分かってるつもり」だと疑わなかった部分の影に真実が隠されている**ことは珍しくありません。

ここで1つ質問です。1＋1はいくつでしょう。おそらく「2に決まっている」という答えが返ってくるはずです。分かりきったことだと考える人が多いでしょう。

ところが、こんな話を聞きました。ある低学年の小学生に同じ質問をしたところ、その子はこう言い張ったというのです。

「1＋1は、1＋1だよ」

なぜそう思うの？　と聞くと、こう答えたそうです。

「バナナ1本とリンゴ1個を足しても、バナナとリンゴのままだから」

この子は青果店のお子さんだったそうです。みなさんのお子さんがもしこんなふうに答えたら、どう思われますか？　簡単な足し算もできないと悩んだり、叱ったりしますか？　あるいは「1＋1は2と覚えなさい」と言うでしょうか。

私は違う感想を持ちました。この話にとても感心したのです。この小学生は経験に基づいた地に足の着いた考え方ができる子だと思ったからです。

よく考えてみてください。1＋1が2になるのは、ある限定された条件のときだけです。たとえば、リンゴとリンゴのように同じ種類のものをたした場合だけ、もしくは果物など同じカテゴリーで数えるという条件をつけた場合にのみ、2と言えるのです。異なった種類のものを並べても、どちらかが2倍になるわけではありません。ですから、「バナナ1本とリンゴ1個」ならば1＋1は1＋1が正解なのです。

しかし小学校では、1＋1がどんな場合に2になるのかということが説明されることはなく、単に1＋1は2だと暗記させられます。

その結果、「なぜ2になるんだろう」「2になる場合とそうでない場合の違いはなんだろう」といったことを考えなくなってしまいます。しかし実際には、1＋1が2にならないような現象は自然界には数多く見られます。

つまり、ほとんどの小学生（あるいは教師も含めて）は1＋1は2だと「知っている」のですが、なぜそうなのか、どんな場合にそうでなくなるのかを「分かっている」わけではないのです。この違いを認識することこそが、状況に応じて物事を判断するということなのです。

しかし、それを2だと「知ってしまう」と、それ以降は1＋1を深く考えることはしなくなります。これは子どもだけでなく、大人にも言えることではないでしょうか。ここに、思考の落とし穴があります。

私たちが持っている知識・常識・マニュアルは、考える力の基礎としては重要な武器ですが、それを「知っている」だけでは足りません。それは、むしろ思考の盲点をつくり出すことにもなりかねないのです。**「なぜそうあるべきなのか」「どんな場合にそうなるのか」「本来どうあるべきか」を絶えず考え、検証しながらマニュアルを発展させていくことが大切**です。

このような「本来どうあるべきか」を考える思考習慣は、現在の方法や考えが行き詰まったときに、あるいは想定外の状況が出現したときに、その状況を打開するために役に立ちます。現在とっている方法が成立する前提を理解して

■１＋１の答えは？

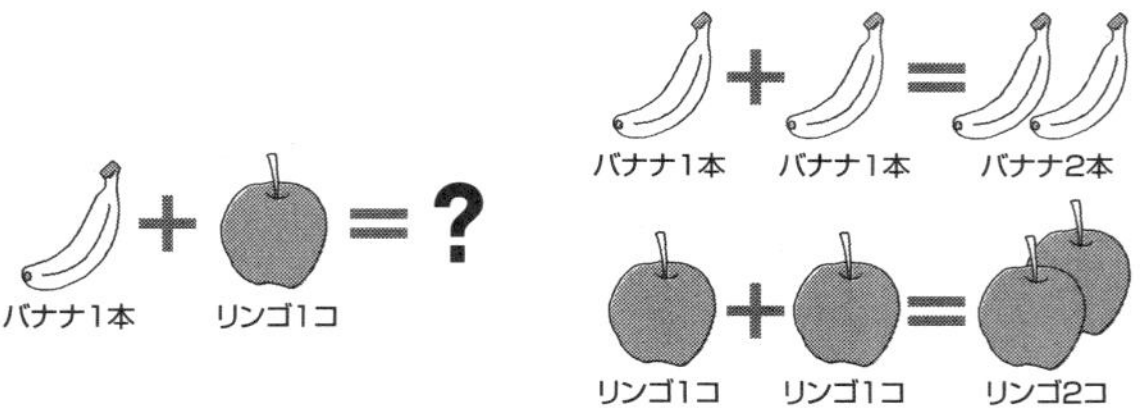

1＋1＝1＋1

1＋1＝2

いるので、新たな状況が生じたときに、前提のどこが崩れたかがたちどころに認識できるからです。そのため予期しない変化にも柔軟に対応することができるのです。

第2講では、マニュアル力の基礎の上に「考える力」を鍛える方法について述べました。多くの問題はこの方法で解決できますが、世の中にはどんなに頑張っても乗り越えられないと思える壁にぶち当たる局面があります。そのような場合にはどうすればよいでしょうか。

次講では、この問題について考えてみたいと思います。

［第3講］

「諦めない人間力」を身につける！

諦めず最後まで考え続ける

創造的な問いを自ら見出し、それを類型化したり要素化していくつかの部分に分解し、それらをできるところから個別に解決していく。「考える力」を鍛える手段として、こうした作業にはじめは戸惑うことでしょう。しかし、それを意識的に積み重ねることによって、あなたを問題解決へと導いてくれる考える力はぐっとアップしていきます。

自分の頭で解決したときに得られる知的満足感をひとたび経験すると、次の問題へと立ち向かう勇気と意欲が生まれます。また、いろいろな状況を分析的にとらえるスキルは一生の宝物になります。

しかし、訓練をしても答えになかなかたどり着けない問題はたくさんあります。残念ながら、実社会や研究の世界ではそちらのほうがずっと多いのです。

しかし、簡単に諦めてしまってはいけません。**一朝一夕に答えが出せるようなものではない問題にこそ、大切な時間を費やし、あなたの頭脳を働かせ続ける価値があるのです。**

インターネットでざっと検索して、「分かったつもり」で済ませることが増えている情報化社会の現代だからこそ、こうした、まだ誰も答えたことのない問題に本気で取り組むべきなのです。

たとえば、将棋のプロ棋士は、次の一手を指すために1時間以上ずっと考え続けることがあります。彼らのタイトル戦は1局を1日~2日かけて指します。そのあいだずっと頭を振り絞り、さまざまな可能性を考慮しながら100手以上先まで考え続けているのです。

考え続けるという例では、数学の「フェルマーの最終定理」の話もよく知られています。この数学における大問題を360年ぶりに解いたプリンストン大学のアンドリュー・ワイルズ教授は、この定理を証明するために7年間研究に没頭しました。信じられないかもしれませんが、物理学や数学の世界では1つの問いの答えを出すために数年間を費やすことは決して珍しくありません。

なぜそんなことが可能なのでしょうか？　それは、**考えるという行為そのものが、脳を活性化させ、興奮と深い満足感を脳に与える**からです。それを強い好奇心と呼んでもいいかもしれません。この感覚が高じてくると、文字通り寝食することすら惜しく感じられるようになります。

では、どうしたらそのような精神状態へもっていけるのでしょうか。それは、**自分が選んだ課題に諦めずに取り組み続ける**ことです。最初は苦しくても続けているとだんだんと脳が考えている対象に慣れてきて、ちょっとしたきっかけでスイッチが入り、集中的に考えられるようになります。このような状態になるまで意識が高まると、考えるという行為そのものが深い知的満足感を与えてくれるようになるのです。

私は考えるという行為は、ランニングと似ていると思います。ランニングもよほど好きでない限りは、走り出すまではおっくうなものです。しかし、ひとたび走り出すと体のスイッチが入ったように快調に走ることができ、走ったあとはとても気持ちのいい爽快感に満たされるのです。

本書でお伝えしたい最も大切なメッセージの1つは、そのような考えることの喜びを、意識的な努力と訓練の積み重ねによって誰にでも体験できるようになるということです。正しい訓練を積むことでだれにでもスポーツが楽しめ上達できるように、考える力も訓練によって鍛えることができるのです。

皆さんは「頭の良し悪しは生まれつき」というマニュアルを頭から信じていませんでしたか？　本書をここまで読んでくださった読者の皆さんには、そんなことはないということをご理解いただけるはずです。

さて、考え続けているときには、成果は見えません。脳内でさまざまな試行錯誤が繰り返され活発な思考活動が行われていても、傍目《はため》からはそれを確認することはできません。そのため考えることに時間を費やすことは非効率な行為のように思えるかもしれません。

「万が一、答えが出せなかったらどうしよう」

「答えは本当にあるんだろうか」

当然、考え続けている本人にも不安は生まれます。費やした時間のすべてが無駄なものになってしまったらどうしようという恐怖心とも戦わなければなりません。実際、要領の良い人はそのような問題にはさっさと見切りをつけ、もっとテキパキと答えの出る効率のいい問題を選びがちです。

しかし、大発見や画期的なイノベーションのほとんどは、長い時間をかけた格闘の末に誕生しています。創造は、一夜にして成し遂げられるものではないのです。

あなたが今、生み出そうとしているものは、これまで他の誰も答えたことのない問題の解答、まだ誰も思いついていないアイデアです。このような地図のない、案内人もいない、未踏の世界に踏み込み、最後まで努力し、考え続け、答えにたどり着くために必要な力が、この講のテーマ、「諦めない人間力」です。

すぐに認められる成果を出そうとしない

予講でもお話ししたとおり、私の大学院生時代の研究成果は、2年近く考え続けた末に得られたものでした。光の二重性実験を目にしたときに感じた疑問からはじまった研究は、さまざまな論文を読み漁って「何が分かっていないのか」を理解するのに1年、答えにたどり着くまでにさらに1年かかりました。

このとき私が取り組んだ「量子力学的測定過程を記述する」というテーマは、当時は成果の出にくい「深入りしないほうがよい」不毛な研究テーマとみなされていました。同様のテーマに取り組んでいる研究者は世界的にも少数でしたし、ましてや自分の周りには誰もいなかったのです。自分の着想が意味のあるものなのかは言うに及ばず、それが本当に答えに結びつくのかという見通しさえありませんでした。

選ぶテーマによっては、研究の中途段階の成果でも価値が認められる場合がありますが、このテーマは短期的な成果が出ることも期待できませんでした。つまり、大学院に在籍している間に解決できる見通しもなかったのです。

要領の良い学生なら、「効率の悪い研究」だとみなして敬遠したことでしょう。彼らは、著名な学者が取り組んでいるホットな研究課題の周辺で、成果が出やすいテーマを選ぶ傾向にあります。

しかし、今の私は、当時の自分が下した選択をまったく後悔していません。それは答えが出せたからではなく、その2年間で自分で問題を見つけ、それを解くために長期間にわたり考え続けることの苦しみと喜びの両方を体験できたからです。

実は、**答えがすぐには出ない、自ら見つけた課題に時間と労力を費やすのは、それほど非効率なことではない**のです。なぜなら、その行為そのものが他の方法では達成がむずかしい「考える力」を鍛えてくれるからです。また、**独自な問題には競争相手が少ない**からです。

人は新しいことに取り組むとき、短期的な成果を求める誘惑にとらわれがちです。そのほうが確実で、効率よく、成果が出やすいように思えるからです。しかし、誰もが同じように考えて行動したら、どうでしょうか。あっという間に激しい競争が始まってしまうでしょう。そして競争の激しい分野であればあるほど、あなた自身が大きな成果をあげられる可能性は小さくなるのです。

これは学問分野に限らず、あらゆる分野に共通して言えることでしょう。たとえば、家電製品メーカーは、かつて熾烈《しれつ》なスペック競争に明け暮れていました。それこそが他社との差別化につながると考えていたからです。ところが、その結果は意外なものでした。たしかに家電製品の性能は飛躍的に向上しましたが、その結果、消費者にとっては「どこのメーカーのものを使っても必要とする性能が得られる」という状況になってしまいました。

あげく、機能や品質などの差が問題ではなくなり、価格競争にさらされるようになったのです。牛丼安売りセールを繰り広げている大手チェーン店と同じように、価格以外の方法では差別化することがむずかしくなり、最終的にはお互いの体力を奪いあう消耗戦に入ってしまったのです。

これと対照的な戦略を採用した代表的な例が、アップル社でした。この会社は徹底的な秘密主義のもとで長い年月をかけて、iPod、iPhone、iPadという独自のブランド商品を開発し、大成功を収めたのです。

技術的な観点からみれば、アップル社の製品には他にない優位性があるわけではありません。iPod、iPhone、iPadはいずれも既存の技術かその延長線上で構成されているからです。

しかし、彼らはここにシンプルで美しいデザイン性という新たな要素を付け加えることで、独自ブランドを構築することに成功しました。彼らの考えるデザインは、カタチの美しさだけでなく、機能面、使い勝手、消費者のライフスタイルまでをも含む、新しい発想に基づくものだったのです。

これは、当時、多くの人々が注目し、誰もが追求するべきだとされていたテーマとはまったく違う発想を採用したことで成功を手にした好例だと言えるでしょう。

■アップル社のブランド力

①デザイン性＝カタチ・機能面・使い勝手・ライフスタイル
②製品の絞り込み戦略

また、アップル社は、製品の数を極端に絞るという戦略を採ってきたことでも知られています。他の総合家電メーカーがラインナップを充実させ続けるなか、あえてその正反対の道を採用したのです。そして、発売するすべての製品をヒットさせ、突出したブランド力・話題性を獲得することに成功したのです。

これは、**「何をやらないか」を徹底することで、「やるべきこと」に集中する**経営戦略の重要性を示す典型例と言えるでしょう。

このように見ていくと、独創的なアイデア、誰にもマネのできないような発見や発明、商品開発をしようとするのなら、流行分野に参入して競争するというやり方は非効率だと言えます。むしろじっくりと腰をすえ、考え抜かれた独自性やブランド力を追求する戦略を用いることこそが創造への近道なのです。

好奇心があれば電車、風呂、夢の中でもずっと考え続けられる

物理学の世界では、1つのテーマについて何年も考え続けるのはごく当たり前のことです。研究に没頭している時期は、何をしていても無意識のうちに研究テーマのことを考えているような状態になります。

もちろん、いきなりこんなふうに集中できるわけではありません。これまで述べたように、徹底した情報収集にはじまり、だんだんと問題を煮詰め、試行錯誤を重ねていくうちに、問題の核心へと意識が集中するようになるのです。

ノーベル物理学賞を受賞した益川敏英博士は、「CP対称性の破れ」という

現象を実験によって明らかにしたフィッチ・クローニンの論文を読んだ1964年からずっと、「喉《のど》に骨が刺さったような気分」になっていたとおっしゃっています。すでにこのときから頭の中では、のちの大発見につながる思索が始まっていたのでしょう。その後、1971年に出たトホーフトとフェルトマンによる「弱い相互作用」に関する論文を読んだ益川博士は、この方法を使ってCP対称性の破れを証明しようと思いつきます。

しかし、当時考えていた4元モデルでは上手く説明することができず、小林誠博士とともに試行錯誤を繰り返す日々が続きました。そんなある夜、お風呂でこの問題を考え続けていた益川先生は、証明を諦め、ひとまず「4元モデルでは証明できない」という論文を書くことを決断します。これまでの努力の積み重ねをいったん白紙に戻す決意をしたのです。

そう決心し、浴槽から出ようとした瞬間でした。突如「6元モデル」というまったく新しいひらめきがやってきたのです。この着想がノーベル賞を受賞する「小林・益川理論」につながりました。

このエピソードで注目していただきたいのは、風呂の中で画期的なアイデアを思いついた天才性ではなく、風呂に入っているときまでこの問題を考え続けていた執念とも呼ぶべき粘り強さです。そして、それまで考え続けていた「4元モデル」を捨て、原点に戻って考えようとした勇気です。行き詰まったときには、今までやってきた道のりを中途半端に戻るのではなく、スタート地点まで戻って一から考え直すことが根本的な解決につながることが多いのです。

これほど集中し、長い時間考え続けられるのは、なぜでしょうか。それは人並み外れた強い好奇心があるからです。そして、自ら選択した課題が解決するまで諦めない人間力があるからです。

「フェルマーの最終定理」を解くために、7年間研究に没頭したアンドリュー・ワイルズ教授が特別なのではありません。学者は考えるのが仕事だからというわけでもありません。私たち人間は**自分自身で見つけた問題には、信じられないほど持続的に集中し、考え続けることができる**のです。

では、心から打ち込みたいと思えるほど興味を持てる問題は、どのようにしたら見つけられるのでしょうか。それが「地図メソッド」なのです。知りたいと思うことを徹底的にサーベイして情報を収集し、それを丹念に読み込むことで分かっていることと分かっていないことを峻別し、理解したらもとの情報源を捨てることで分かっていない問題の核心へと意識を集中させていくことなのです。

この意識が集中していくという状況を実感できた段階で、「考える力」は十分に鍛えられています。そこまで来たら、問題が解決できるかできないかは紙一重のところまで来ているはずです。ここから先に進むために必要な力は「諦めない人間力」なのです。

このようにして**諦めずに考え続けることができれば、好奇心がたえず刺激され、興味を持続させることができます**。そして、あらゆる可能性を考えつくしたと思えるほどギリギリまで思考を進めたその先に、大きな発見と喜びがあるのです。

スタート地点に引き返す勇気を持つ

先ほどの益川敏英博士のエピソードで、「4元モデル」を捨てて原点に戻って考えようとした途端に「6元モデル」を思いついたというお話をしました。それまで長年考え続けてきたアイデアを捨て、一から考え直すことが根本的な解決につながったという事例です。

困難な課題に取り組んでいると、「解決に近づいているはずだ」という感覚があるのに、目の前にある壁がどうしても越えられないということがよく起こります。こういうときには、**これまでの道程を中途半端に戻るのではなく、スタート地点まで思い切って引き返す勇気を持つ**ことが大切です。

第2講で紹介したゴール・オリエンテッドで、突進するニワトリの絵（148ページ）を思い出してください。ニワトリはたしかにエサの目の前にいま

■ スタート地点に戻る勇気も大切

スタート地点まで戻ることで正解に至る道が見える

す。しかし、くちばしの長さがほんの少し足りないので、そのままではどんなにもがいてもエサには届かないのです。

これは笑い話ではなく、1つのテーマを思考し続けているとき、実際によく起こる状況なのです。この絵は第三者の視点から描かれているので、ニワトリとヒヨコを比較してみることができますが、実際にこのニワトリと同じ立場に置かれたら、なかなか来た道を引き返す勇気は出ないでしょう。

益川先生の成功は、それまでの努力の積み重ねを捨ててしまう覚悟をした勇気の産物と言えるかもしれません。

つまり、**思考が行き詰まったときには、「本来どうあるべきか」をもう一度問い直してみることが大切**なのです。そしてときには、スタート地点にまで引き返すことも検討するべきです。

これは、それまでのあなたの努力を無にする行為ではありません。実際、一からはじめる決意をしても、あなたのこれまでの努力は知恵としてそのまま残るのです。スタート地点に引き返すことを妨げているのは、多分に心理的な障壁なのです。

益川先生のような大きな仕事を成し遂げた人たちは例外なく、このようなときにスタート地点に引き返す勇気と、諦めないで最初からやり直そうとする人間力を持っているのです。

疑問を大切にすることで、セレンディピティを高める

アインシュタイン博士の有名な「特殊相対性理論」は、特許局職員だった彼がバスで通勤しているときに着想したものだそうです。たまたま車窓から見えたベルンの時計台を眺めながら、アインシュタインは思考を巡らしました。「時計台の針はそこで反射した光が光速で私に向かい、私の目に届いたときに私は時計台の時刻を認識する。もし、バスが光の速度で動いていたら、時計台からバスに向かう光は追いつくことができずに時計の針は止まって見えるだろうか」。

この思考実験が、時間は絶対的なものではなく、相対的なものであるという20世紀最大の発見のきっかけとなりました。

セレンディピティ（serendipity）という言葉をご存知でしょうか。

イギリスの元首相ロバート・ウォルポールの息子である小説家・政治家ホレス・ウォルポールが18世紀につくった造語で、物事の中に潜む価値を見抜く能力を指す言葉です。運よく見つけ出す能力、偶察力、と訳されることもあります。

ほとんどの人は時計台を見て、ただ「3時だな」といった情報を得るだけですが、セレンディピティの高い人はそこから別のインスピレーションを得ることがあります。その一例がアインシュタインで、彼はバスの中から眺めた時計台に、特殊相対性理論の種を見つけました。

ノーベル賞を制定したアルフレッド・ノーベルも、保存容器に空いた穴から漏れたニトログリセリンが固まっていたことから、珪藻土《けいそうど》を安定剤として使うダイナマイトを発明しています。これも偶然の出来事がきっかけとして生まれたセレンディピティの一例だと言えるでしょう。

このように**セレンディピティは、ふとしたことをきっかけとしてそれを大きな発見へと結びつける能力**ということができます。当然のことながら、創造的な仕事をしたいと願う人にとっては、ぜひとも高めたい能力でしょう。

では、セレンディピティを高めるためには、どうすればいいのでしょうか。

そのコツは、**心に余裕をもつように心がけ、ちょっとした疑問も大切にする**ということです。疑問が湧いたらちょっと立ち止まって考えてみましょう。たいていの疑問はそれで解決します。それでいいのです。その場で解決できない疑問は、メモに取っておきましょう。そして、メモに取った疑問をあとでもう一度考える機会を持ちましょう。小さなメモ帳に書いておけば、通勤や通学の電車の中でも読み返すことができます。

こうした作業を繰り返していくと、身の回りで起こっていることに対する感受性が高まってきます。そして、ふとしたきっかけで興味深いテーマやイノベーションのきっかけがつかめるものです。

これは、第1講の「問題を見つける力」にも通じる部分です。**問題を見つける力を身につけるポイントは、好奇心を大切にし、疑問に思ったことを自ら調べ、要点をメモ書きして整理すること**でした。それはセレンディピティを高めることでもあるのです。

また、**1つのテーマについて長時間、とことん考え続ける**ことでもセレンディピティは高まります。興味のある問題についてあらゆる角度から思索する日々を過ごしていると、まるで鋭敏なセンサーのように、日常のふとした出来事の中に着想のヒントを見つけられるようになるのです。それが、問題の解決へと至る突破口になります。

私が身近に知っている碩学《せきがく》は、何気ない身の回りの現象からハッとするような深い洞察を引き出すことがしばしばありますが、彼らは日ごろから小さな疑問も大切にして、それらについて自分で納得がいくまで考える習慣ができているのです。だからこそ、アインシュタインは特殊相対性理論を、ノーベルはダイナマイトを見つけることができたのでしょう。

ですから、私の授業では、教科書に載っている事実を説明するだけでなく、それがどのように発見されたのか、発見した人はどんな問題意識で取り組んだのか、その過程でどんな試行錯誤があったのかを折に触れて伝えるようにしています。「大発見」と言われるものは、たいていの場合、そこに問題があることすら分かっていなかったことが多いのです。

アインシュタインやノーベルはちょっとしたきっかけから、あるいは、白川先生、江崎先生、益川先生は失敗や行き詰まりを大発見につなげています。一生懸命やっていたことが失敗したら、誰でもガッカリしますね。しかし、「もうだめだ」と思って諦めてしまうと、今までの努力が本当に無に帰してしまいます。でも、失敗は裏を返せば、成功へ至る道しるべとなるヒントでもあるのです。諦めてしまわずになぜ失敗したのか、なぜうまくいかなかったのかを分析してみましょう。それによって成功への道筋が見えてくることもあるのです。

ここに人生の極意ともいうべき教訓があります。人の人生には運不運がつきもので、何をやってもうまくいかないときがどんな人にもあります。そんなときも諦めさえしなければ、成功の可能性は消えないのです。精神的に疲れてしまったときは、無理をせずに思い切って休めばいいのです。そうすれば、ゆっくりかもしれませんが、また内なる力が湧いてくるものです。

でも、不思議なことに諦めてしまうとそのような力の源も枯れてしまうのです。しかし、諦めずに息の長い試行錯誤を繰り返していくと、あるときふっと解決への糸口が見えてくる場合があるのです。

そして、何度やってみてもうまくいかないときにはもう一度原点に戻って、「本来どうあるべきか」という根本論にさかのぼって問題を検討してみましょう。大きな発見やイノベーションをもたらした人は、例外なくこのような作業を繰り返しているのです。

そう考えると、世間の人々が「偉人」と呼んでいる人の真価は決して「頭の良さ」ではなく、「諦めない人間力」にあることが分かります。そして、この**「諦めない人間力」こそが学問やビジネスの世界だけではなく、およそ人間活動のすべての分野に当てはまる創造力の源泉**なのです。

成果の出ない時間を無駄と考えてはいけない

現代は、「効率」という言葉が強く意識される時代です。効率性を高めること自体は悪いことではありませんが、誰もが目先の確実な利益や分かりやすい答えのみを求めてしまうのは考えものです。そもそも、そうすることが本当の意味で効率的なのかをよく考えてみる必要があります。ましてや、長時間に及ぶ思考を非効率なものと見なしてしまうと、イノベーションや大発見は消えてしまいます。長期的にみれば、そのような社会は大きな飛躍が望めないので、むしろ非効率なものだと言えます。

とはいえ、思索を続ける間も私たちは日々の営みを続けなければならないので、成果の出にくいテーマと向き合うモチベーションを保つのは簡単ではありません。職業に関係する課題なら仕事として追求できますが、短時間で成果が求められてしまい、本質的な解決に至れないケースも多々あると思います。

また、忙しさのあまり、自らの課題はひとまず先延ばしにせざるを得ないこともあるでしょう。それは社会人として生きていかなければならない以上、仕方のないことです。

このことは、考えることが本業であるはずの研究者にとっても例外ではありません。研究を続けるためには研究費を獲得しなければなりませんが、これは申請する研究者の実績に基づいて判断されるため、何年も成果が出ない研究を続けていると研究費がもらえなくなってしまうのです。このため、短期的に成果を出すプレッシャーが常に存在します。さらに、大学を運営していくためには、研究以外の業務もこなさなければなりません。

最近よく言われる問題は、研究以外の業務があまりに増えたためにじっくりと研究できる時間がなかなか取れないということです。私もこのことを痛感しています。

しかし、それでも自ら「取り組むべきだ」と考えた課題は決して手放してはいけないのです。たとえ今は成果が出なくても、一時的に離れることになったとしても、投げ出さずに考え続ければ、いつの日にかあなた自身が満足できる成果が生まれるチャンスが訪れるはずです。そう信じて前に進むことが大切なのです。

分からないこと、成果が出ない時間を「ムダ」だと考えるべきではありません。私たちの暮らす社会を豊かにした技術革新は、短期的な戦略目標から生まれたものではなく、自らの知的好奇心を真摯《しんし》に追求した先人たちの努力の積み重ねから生まれたものだからです。

天才的なひらめきを手にするのは、成果に鈍感なタイプ

私が知るかぎりではありますが、大きな発見や画期的な研究成果をあげるのは、どちらかというと成果に対して「鈍感」なタイプの人が多いようです。天才的なひらめきを示す人は、外部から見ると一見要領があまり良くないように見えることが多いのです。

こういうタイプの人は、周りからは飲み込みが悪い・頭の回転が遅いと思われてしまいがちですが、実はとことん納得がいくまで自分の頭で理解しようとしている結果、そう見えているケースが少なくありません。

「1＋1は1＋1だ」と言い張った青果店のお子さんと同じで、本質的な理解

に到達しないと納得しないのです。彼らは勉学の効率も悪くなりがちで、学業成績もあまり芳しくないことが往々にしてあります。自分の頭で納得しないと気が済まないタイプは、時間内にできるだけ多くの問題を解かせる試験には不向きだからでしょう。しかし、物事を深くしっかりと理解できなければ気が済まない姿勢は、目先の効率にこだわることなく、時間をかけて思考することに向いています。

発明王として知られるトーマス・エジソンは、小学校になじめず中退しました。彼にも「1+1は1」と主張したというエピソードがあるそうです。1つの粘土と1つの粘土をくっつければ、1つになるというわけです。こんな調子でどんな事柄にも「なぜ?」と問いかけることで教師に嫌われていたエジソンは、自らの納得を最重要視するタイプの典型例だと言えるでしょう。

これに対して、要領の良いタイプは学業成績は優秀ですが、ゴールが見えていたり、成果の出やすい課題を素早く見抜くことができるせいか、長時間の思考を必要とする困難な問題を避けてしまう傾向が見られます。

■1＋1の答えは？（エジソンの場合）

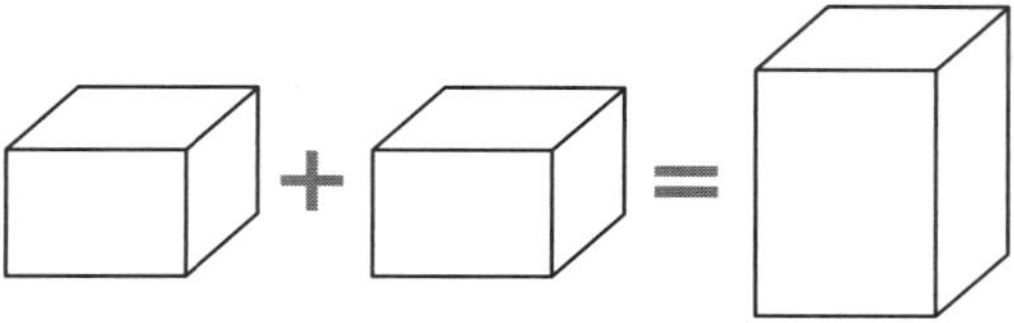

1 ＋ 1 ＝ 1

　こうしたタイプの人から見ると、時間のかかる、成果が出るかどうか分からない難題に取り組む鈍感なタイプは、さぞ非効率で「頭の悪い」人間に見えることでしょう。実際、小学校のときから大学まで学力の優劣は基本的に平均点で判断されるので、そのような考えをしてしまうのも無理はありません。

　しかし、あっと驚くような大発見を目指すには、要領の良し悪しにかかわらず、本質的な問題を時間をかけて深く理解するより他に道はありません。**短期的な成果を求めることは、むしろ非効率な**のです。

正解にたどり着けるのは「トライ・アンド・エラー」を100回繰り返せる人だけ

正解を誰も知らない問題を解決するための道のりは、「トライ・アンド・エラー」の連続と言えます。問題・課題を解決するための糸口を考え、新しいアイデアを着想したら、それが正しいのかを具体的に検証する。これがトライです。しかし、むずかしい本質的な問題であるほど、その大半は間違い（＝エラー）であることが判明するでしょう。そこから間違いの原因について考えをめぐらせたり、また新たなアイデアがないかの思索を続けることになります。

最初に思いついたアイデアが、そのまま答えに結びつけばたしかに楽でしょう。そうでなくても、トライの数が少ないほうがより理想的に思えます。しかし、創造的なテーマにおいては、そんな幸運に恵まれることは滅多にありません。だからこそ、今まで誰も答えを見出してはいないのです。

長い時間をかけて、試行錯誤を繰り返すのには「諦めない人間力」が必要です。新しい着想を得た瞬間は、ゴールに近づいたのではないかという期待で気持ちが高揚するものですから、その試みがエラーであると分かったら、誰でも落ち込んでしまうでしょう。新たなトライをする気力を失うかもしれませんし、自分のアイデアが捨てきれず、持論への執着から答えの出ない堂々巡りに陥ることも珍しくありません。

このとき**最も重要なのはエラーをしてもへこたれず、何度でも粘り強くトライを繰り返す「人間力」**です。また、**失敗から何かを学び取ろうとする前向きで冷静な分析力**です。失敗したときに再びトライするやる気を失ってしまったら、それでおしまいです。頭と体を休めることは必要ですが、諦めてはいけないのです。

他方、やる気があっても同じ過ちを繰り返している限り前進はのぞめません。人間は失敗したときに深く学ぶチャンスを得るのです。**失敗の原因をよく分析して、少なくとも同じ過ちを繰り返さないように次のトライを計画**すべき

■トライ・アンド・エラーの手順

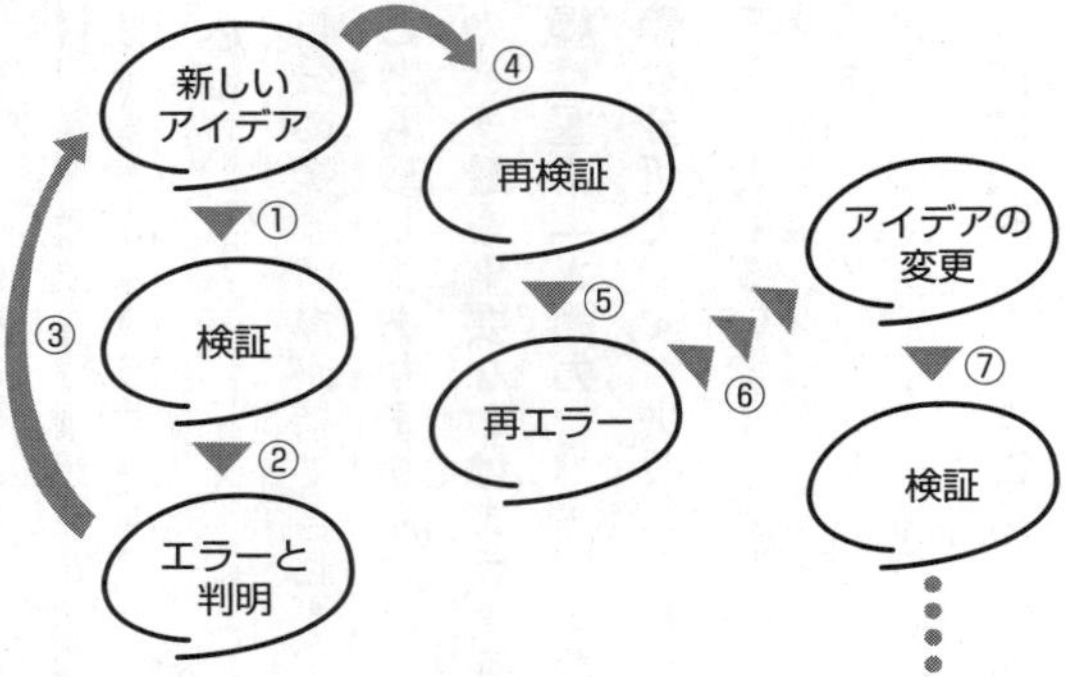

です。

エラーは決してムダではありません。「トライ・アンド・エラー」をした分だけ、答えにたどり着くルートは絞りこまれているからです。誤りの原因を徹底的に分析し、ときには振り出しに戻って本来どうあるべきかを考え直す。そのような作業を繰り返すうちに、頭がだんだんと整理され、二次的なあまり本質的でない部分がそぎ落とされ、問題の本質が煮詰まってくるのです。

その結果、次に行うトライの質もどんどん高まっていき、本質的な問題の解決が近づきます。この「トライ」→「エラー」→「分析と修正」→「新たなトライ」というサイクルを繰り返すことによって、問題解決に至るあなた独自の道が切り開かれていきます。

実証するデータはありませんが、私は、「トライ・アンド・エラー」を100回繰り返すことのできる人は、必ず答えを見つけ出せると確信しています。そして、ひとたびこの成功体験をした人は、次の100回の「トライ・アンド・エラー」を繰り返す勇気と自信を獲得するのです。

失敗から何かを学び取ろうとする前向きな意識を持ち続ければ、同じ失敗を繰り返すことはありません。失敗は成功の母。恐れる必要はありません。**決して諦めず、希望を持って最後までやりぬくことが成功に至る王道**なのです。

［第4講］

考えることは、創造すること

マニュアルの時代から創造する時代へ

本書では、「創造力」の基礎となる「マニュアル力」「考える力」「諦めない人間力」についてお話ししてきました。与えられた問題を規則に従って解く「マニュアル力」に対して、「考える力」を鍛えれば、自ら問題や課題を見つけられるようになります。そして、それらを解決に至るまで試行錯誤を繰り返すためには、「諦めない人間力」が必要です。

「考える力」を鍛え、「諦めない人間力」を身につけることで、「自ら考え、創造する力」を養うこと——私はこれこそが、今の日本に最も必要とされていることだと考えています。

かつて人類が誕生した直後、私たちの住むこの世界は、危険に満ちたものでした。過酷な自然環境と力に勝る肉食動物に囲まれて暮らしていました。災害や事故を予見したり、身を守ることもままならず、その日その日を生き抜くための食糧・住居を調達する、文字どおり綱渡りのような生活をしていたと考えられます。世界はまさしく、「想定外」の出来事に満ちていたのです。

地震や津波、台風、洪水、火山の噴火といった自然災害の多い日本では、これは特に顕著だったことでしょう。私たちの祖先は、この大地で生き延び、子孫を残していくために、じつに多くの変化に柔軟に対応してきたと言えます。

ダーウィンの進化論によれば、生き残るのは「強い種」ではありません。「最も知的な種」でもありません。日々変化する「環境に対応できた種」です。この考えからいけば、この**小さな島国で、破壊と創造を何度も経験してきた日本人は、適応能力が際立って高い民族**に違いありません。

私たちの祖先は、決して諦めませんでした。何度破壊されても、その経験を教訓として思考を進め、次に起こりうるさまざまな現象に対応・適応するための新たな知恵と文化を創造し続けたのです。外国という異文化と接したときにも、それを驚くほど柔軟に受け入れて日本文化に吸収したのです。漢文を含む外国語を吸収するために、わざわざ新たな文字（カタカナ）を発明した民族は他にどれくらいあるでしょうか。彼らのこうしたひたむきな努力がなければ、現在の豊かさは言うに及ばず、私たちが今、こうして存在していることすらできなかったかもしれません。

科学技術の進歩のおかげで、現代ではじつに多くのことが「想定」できるようになり、多くの場面でマニュアルに従うだけで滞りなく過ごせるようになりました。天気予報は、かなりの精度で予測できるようになりました（一昔前までは天気予報が「当たる」という言い方をしたものです）。複雑な薬品の開発も、スーパーコンピュータを用いて分子レベルで解析可能になっています。

日常生活においても、火事が起こったときどう対処するべきか。災害に備えるためには、どんな設備、システムを構築するのが相応《ふさわ》しいか。病気やケガのときどう対処すればよいか。行政システムはどんなサポートをするべきか。もちろんまだ100％カンペキとはいきませんが、こうした答えもかなり明確にマニュアル化することができるようになっています。

想定内のことが起こっているかぎり、このマニュアルは大きく変わることはありませんし、事実、大変役に立ちます。特に、インターネットは膨大な知を統合するマニュアルづくりに大きく貢献しています。こうして、私たちは「マニュアルの時代」に入ったのです。

マニュアルの時代は、正しい答えが何であるかが比較的明確な時代だと言えます。それはおおむね、想定内のことが起こっていたからです。高度経済成長を経た日本で、「安全」に「安心」を加えた社会構築を目指す「安全工学」という学問分野が発達してきたのも、こうした時代背景があったからでしょう。このような時代では、マニュアルにそった行動をとることが、最も効率的でかつ合理的だったのです。

しかし、21世紀に入ってこの状況は変わりました。特に20世紀後半の国際社会を牽引《けんいん》してきた金融システムにおいて、社会構造の変化のためにさまざまな綻《ほころ》びが生じ始めたのです。また、我が国では少子高齢化のために経済活力の低下が続き、2011年には東日本大震災と原発事故という、未曾有の大災害が発生してしまいました。

このような新たな事態に対して、既存のマニュアルは無力です。マニュアルは過去の経験に基づいてつくられるので、想定を超えた出来事に対処する方法はカバーされていないからです。

私は、今の日本は、過去に何度も経験した「破壊の後にやってくる創造の時代」に再び突入したと考えています。現実に起きている新しい出来事・課題を解決するための、新たな発想に基づいた創造的な答えが求められているのです。**今こそ過去のマニュアルにとらわれることなく、本来どうあるべきかという根本に立ち返って、一から自分の頭で考えなおすことが必要**です。

日本人は普段は安定志向の国民ですが、ひとたびこのような時代認識を共有すると、大きな変貌を遂げることができる底力を持っています。想定外の事態に国民が一丸となって不屈の精神で適応しようと努力する能力は、日本人のDNAに深く刻まれた特長なのです。

■再び「創造の時代」へ

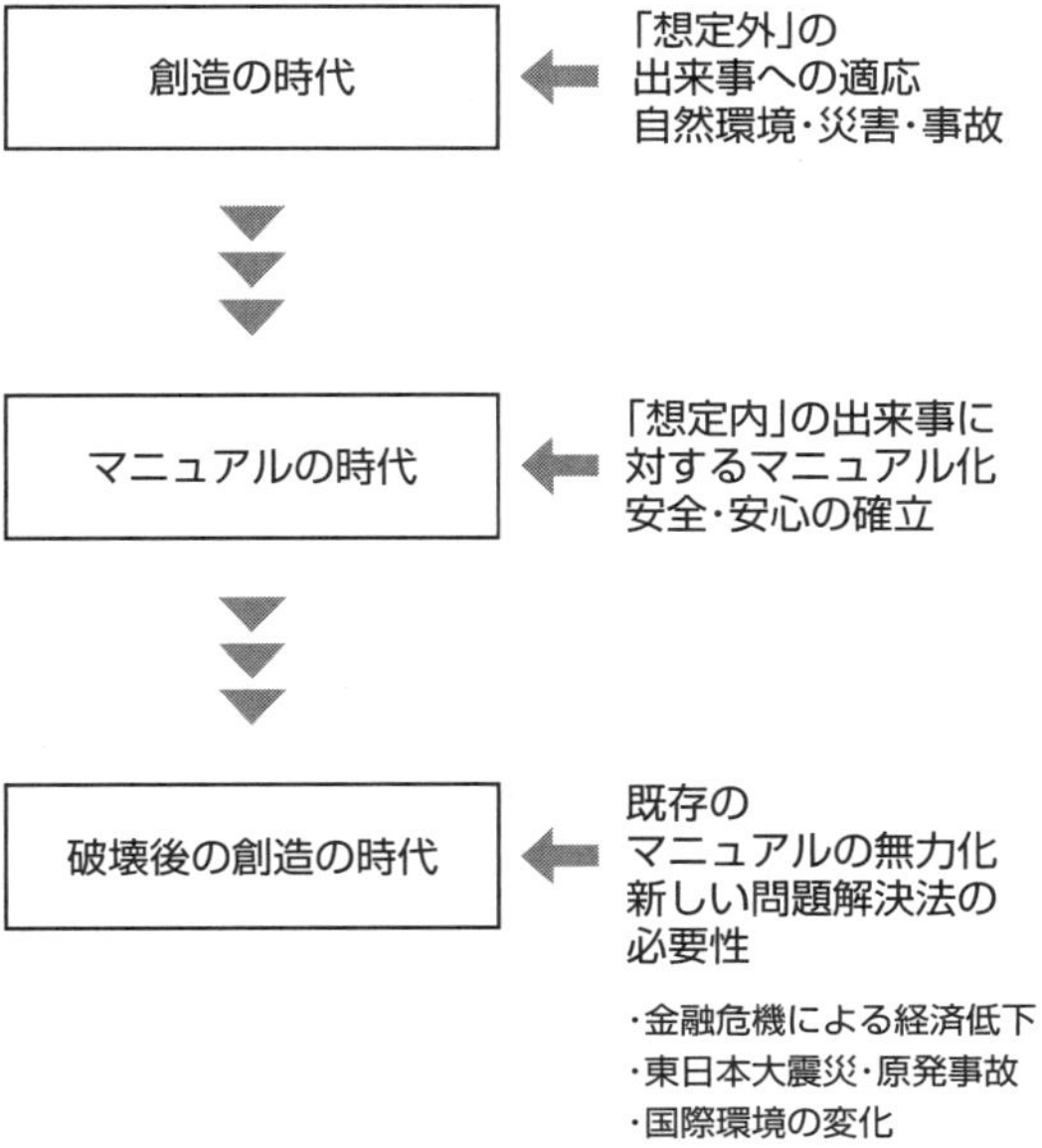

創造➡安定（マニュアル）➡破壊の時代を交互に経験しながら、柔軟性に富む社会システムを築いてきた日本は、今再び創造の時代を迎えつつある

マニュアル力のかなたの創造力

新しい時代を拓くような創造的思考をするためには、過去の常識やマニュアルにとらわれてはいけません。しかしこれらをまったく無視するのも得策ではありません。なぜなら、過去のマニュアルは、「すでに分かっていること」を確認するための参照元として活用することができるからです。**想定していた前提が当てはまるかぎりマニュアルは有効**です。

独創的な抽象画によって20世紀のアートを切り開いたパブロ・ピカソは、かつて細密画の天才と言われていました。彼は従来のアートの世界に存在したさまざまな表現、技法を習得・実践したうえで、まったく新しい表現であるキュビズムを生み出し、さらにシュルレアリスムの世界を拡大していきました。

音楽の世界でも、鮮烈で奇抜でありながら、高度な技量を伴う演奏と表現力で天才の名を欲しいままにしたグレン・グールドというピアニストがいました。彼も幼くしてすでに天才と呼ばれる技量の持ち主でしたが、過去の偉大な作曲家・演奏家たちの膨大な業績をつぶさに検討したうえで、広く受け入れられている解釈を捨て、自分の頭で一から楽曲を再構成することで、独自の「音学」を創造しました。そのことは卓越した批評家でもあった彼の著作からも読み取ることができます。

つまり、この2人の巨人は、従来の常識（マニュアル）の世界でも非常に優れた能力を発揮していたのです。しかしその中だけで満足することなく、自らマニュアルを捨て、自分の頭で芸術や音楽の世界を一から再構築することで新境地を生み出したのです。

彼らの経歴を、「地図メソッド」におきかえてみましょう。

ピカソもグールドも、最初は膨大な過去の情報をまず習得することから始めています。これは情報地図に「すでに分かっていること」を書き込んでいく作業と同じです。早熟だった彼らはこの点でもずば抜けて優秀でしたから、マニ

■20世紀の芸術の進化

パブロ・ピカソ
(1881-1973)

グレン・グールド
(1932-1982)

過去の情報の習得

分かっていないことを
見つけ、解決

キュビズム

シュルレアリスム

バッハのノン・レガード奏法

独自の解釈による演奏

過去の仕事を徹底的に理解・分析することから
新しい可能性が生まれる

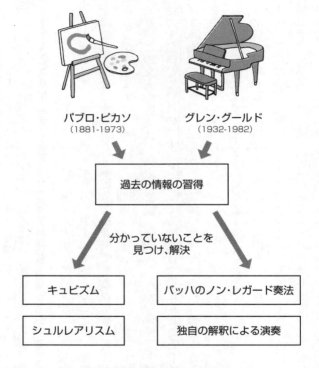

ュアル力だけでも成功することができたに違いありません。

しかし、2人はそれだけでは満足しなかったのです。マニュアルを完全にマスターしたうえで、地図上で未開拓の領域（独自の解釈と表現法）を見つけ出し、その可能性の探求へと踏み出していきました。その思考活動における冒険の成果が、20世紀の芸術を進化させる原動力となったのです。

「知識」を捨て、「知恵」を獲得する

私は仕事柄、毎日論文を読みます。学術論文には新しいアイデアや実験結果、発見などが書かれています。論文を読む際に私が注目するのは、第一に主要な結果は何かということですが、それと同じくらい着目する点は、その論文では到達することのできなかった「未解明の部分」です。実は、**優れた論文では「何が分かったか」と同じくらい「何が分かっていないのか」が明確に書か**

れています。

研究を始めたばかりの学生さんから、論文や文献の読み方についての質問をしばしば受けます。人それぞれの読み方があると思いますが、私は文献を読むときには情報地図の作成を念頭において読みます。

地図の最も大きなくくりは国です。国は「研究分野」と読み変えてもよいでしょう。どの国を調べたいかを決めると、次に知りたいのはその国の大都市です。これはその分野を形成するうえで決定的に重要な役割を果たした「古典的論文」がそれに相当します。大都市についての理解が深まると、次はその周りの中規模の町にも関心がおよぶようになります。

文献を読むときもこのような順序で、基本文献から特殊な事項が書かれている文献へと順番に読み進めていくことが肝心です。それぞれの論文のはじめにはイントロダクションと呼ばれている部分があり、その論文を書く動機や背景が書かれているので、この順番に従って読み進めていくことで、その分野をつくった人や発展させた人の問題意識が分かり、また、その過程で次に何をなすべきかが自分の頭で判断できるようになるのです。

教科書や参考書も役には立ちますが、私は一次資料としての原著論文を読むことを勧めています。芸術と同じで、一流の思考法は一流の研究論文に触れることによって養われるからです。

外交の世界でよく用いられる「インテリジェンス（intelligence）」という言葉があります。訳すとすれば、「核心的情報」でしょうか。大統領・首相といった国家元首には外交判断に必要なすべてのインフォーメーション（情報）を検討する時間がありませんから、それを専門に担当する分析官が各国に存在します。彼らの情報収集ルートは実にさまざまです。

しかし、その中で最も重視される情報源は、意外なことに私たちでも簡単に入手できる新聞や雑誌、ＳＮＳやニュースサイトなどに掲載される記事であることがしばしば起こります。彼らは日々こうした何気ない記事を熟読し、論調の変化、なぜか記事化されなかった事実、将来の外交関係に影響を与えそうな小さなトピックから核心的な情報を読み取り、それを報告書に取りまとめ、報告するのです。

これは**インフォメーション（情報）を徹底的に分析することで、その裏に隠されたインテリジェンス（知恵）を獲得している**のだと言えます。

インフォメーションは、遠い過去から現在まで蓄積された膨大な経験と思索のアーカイブです。アーカイブを理解することで身につくのは「知識」ですが、その知識の意味することを考えることによってインテリジェンスが得られ、また、まだ明らかにされていない地図の空白部分が見えてくるのです。

そして、ひとたび「知恵」が獲得され次の課題が明らかになれば、その元になった情報を捨て去るのです。これが知識を捨てることで知恵を獲得するということの意味です。

情報を創造の素材に変える「捨てる」テクニック

本書の中でキーワードとなっている「捨てる」という作業について、もう少し補足しておきましょう。

現代は、情報へのアクセスが非常に容易な時代です。インターネットの普及と手軽で持ち運びしやすい電子デバイスの登場、無料で使いやすいアプリケーションソフトなどによって、私たちが触れる情報の量は今も爆発的な勢いで増え続けています。

これからの時代は、新聞も、雑誌も、書籍も、音楽も、映像も、その他さらに多くのコンテンツが次々とデータ化され、利用しやすいアーカイブになっていくのは間違いありません。こうした過去の情報に数多く目を通すことができれば、たしかに知識は増え、興味のあるテーマに対する知識も広がるでしょう。

しかし、次々と現れる最新情報をただ読むだけでは本当の意味での理解は深まりません。それは情報の「消費」に過ぎず、分かったような気になるだけです。ましてやインターネット上に飛び交う刺激の強い、真偽不明の情報を追いかけても情報に踊らされ、ただ混乱するだけかもしれません。

こうした情報を創造的に活かすためには、あふれる情報から本質的でないものを捨象し、残った情報の関連を理解して「情報地図」をつくる必要があります。こうすることで、我々にとって本当に必要なあらたな創造につながる核心的情報（インテリジェンス）を引き出すことができるのです。

大切なのは個別の知識ではなく、さまざまな知識を結び付ける「考える力」です。深く考えるためには、余計な情報を極力排除し、雑念から解放された状態で物事の本来あるべき姿をとらえる必要があるのです。本書で述べた「捨てる」という作業は、そのためのテクニックなのです。

ここで情報を捨てるという意味を、もう一度振り返ってみましょう。まず、関心のあるテーマに関して集めた情報を読み始めます。そのとき、読んで理解できない、ピンとこない情報は捨てて構いません。理解の助けとなる情報が現れたときは、そのときに感じたこと、考えたことを自分の言葉でメモに書き留めておいてください。

これは情報を咀嚼し、自分の頭で理解し、要約し、自分の考察を付け加えて加工するという作業でしたね。こうすることで、「考える力」が養われ、さらなる思考への出発点が生まれます。

集めた情報を次々と読みこんで同様の作業をしていくと、メモに取ったさまざまな情報が独立ではなく、お互いに結びついていることが見えてきます。この段階で、集めた情報の地図の点が線としてつながります。それを続けていくことで、ばらばらな点が次々と線でつながっていき、ついには線が面になっていくのです。

そして、集めたすべての情報を読み終えたときに、それでも地図上に残った空白の場所がこれまでだれも取り組んでいなかった新しい問題なのです。その問題は、空白を埋める（新たな知識の獲得）ということかもしれませんし、他とつながれていない点の間の線、つまり、別々なものと考えられていた知識の間に存在する関係を理解することかもしれません。

この作業をするときに重要なポイントは、**メモ以外の情報を捨てる**ということです。

捨てるのは、余計な情報を身の周りから排除し、問題の核心に集中しやすくするためでした。誰でも、深く考えたいときは、視線を上に向けたり目を閉じるものです。これは、視覚を通じて入ってくる外界からの刺激が思考の妨げになるからです。情報を捨てるのは、これと同じことだと言えます。余分な情報を捨て、残った情報に意識を集中させることで、思索を深めていくのです。余計な情報は邪魔者です。思い切って捨てる勇気を持ってください。

ちなみに、私は研究テーマについて考察したり、議論の要点を記するノートをつくっています。毎日のように新しい論文や資料に目を通しますが、常に手元に置くのはこれだけです。中身はメモや数字を羅列しているだけですから、他の人が読んでも何のことだか分からないでしょう。しかし私にとっては、このノートは創造のための必需品なのです。折に触れては読み返し、不要な部分は消していき、常に1冊以内に収めるように心がけています。こうすることで「今考えるべきこと」だけが手元に残り、それがいつも目に入るようになるのです。

また、スケジュールの管理も同様に、手帳に予定を書き込み、終わった項目は修正テープで消してしまいます。そして表と裏が真っ白になった時点でそのページを破り捨てるのです。年末になると私の手帳はとても薄くなるのですが、なぜかそれがうれしい気持ちになります。頭の中を占有する懸念事項が減ったような気になるせいかもしれません。

ちょっと極端に見えるかもしれませんが、この方法を使うと、次に取り組むべきことに意識を集中させ、未来に目を向けることができるので、大変気に入っています。

成功体験も捨てる！

捨てるべきなのは、理解済みの情報、過去の手帳だけではありません。**創造**

的な思考を妨げる代表的な障壁が、成功体験です。いちど成功を収めたことのある研究者は、その過程で開発した技術やアイデアをその後の研究でも繰り返し用いようとする傾向があります。それどころか、研究課題さえも、その技術が使えるものに限定しがちになるのです。

本来、研究とは課題が先にあり、それを解決するために必要なアイデアや技術を開発するものです。ところが過去の成功体験に引きずられて、この順序が逆になってしまうのです。

このようなケースでは、仕事は継続できても、創造性はしぼんでいきます。これは学問だけでなく、あらゆる活動において言えることでしょう。また、個人にかぎらず、社会全体についてもあてはまることではないかと思います。

たとえば、21世紀に入ってからの日本の製造業界は、全体的な衰退傾向にあると言われています。これは高度経済成長からバブル期にかけての成功体験が大きな要因になっているのではないでしょうか。技術的には依然として世界のトップレベルにある我が国の製造業ですが、生産・消費ともにグローバルな展開が当然になっている現代では、人件費の安いエリアでの生産によるコスト削減はもちろんのこと、過剰な機能よりもシンプルな使いやすさや快適なサービスとの融合などのソフト面が重視されるようになってきています。

しかし、かつて世界に誇った「モノづくり大国」のプライドと経験が、こうした新時代に対応する柔軟性を失わせてしまっているのです。

これは決して一部の成功者だけの話ではありません。誰でも年齢を経て、何かについての知識や経験が増えると、その過程で得たノウハウというマニュアルに縛られがちになります。「これまでずっとこうやって来たのだから、これからもそれでできないはずはない」という固定観念に縛られてしまい、創造的なチャレンジをするリスクを避けてしまうのです。

この点では、若い人が有利だと言えます。過去へのこだわりがない分、ためらうことなく従来のマニュアルを捨てることができるからです。しかし、彼らの多くには経験・知識がまだありません。ピカソやグールド、アインシュタインのように若くして過去のマニュアルを精査し尽くし、新しい創造の種を見つけ出すことは誰にでもできることではないのです。

その点、ある年齢を経ている世代は、思考を進めるために参照するべき経験・知識をすでに数多く身につけています。常に「本来どうあるべきか」という根本に立ち返る労力をいとわずに、発想を柔軟にしさえすれば、若い人よりも創造的な仕事ができる貯えがあるのです。

だからこそ、イノベーティブな思考を維持するためには、こだわりはもちろん、過去の成功体験さえも捨て、未知の荒野にチャレンジし続ける勇気を持っていただきたいと思います。**創造的な仕事に必要なのは知識ではなく、柔軟に物事を考える心の働き、つまり知恵**なのです。その心持ちさえあれば、若い人に負けない創造性を発揮できるチャンスが待ち受けているのです。

長距離型思考の筋肉を身につける

短い時間で効率よく試験問題を解く訓練を続けると、優秀な短距離ランナーのような思考法（マニュアル力）が身につきます。すぐに解答が導けない問題は後回しにし、確実に点数が稼げるような問題を優先するのですから、当然そうなりますね。瞬発力はつきますが、長続きはしません。その結果、思考も短絡的になりがちです。

しかし、本書で紹介した「考える力」と、それを支え「創造力」へとつなげる力である「諦めない人間力」は、これとは逆に長距離ランナーのように長時間持続可能な筋肉質な「考える力」を鍛えるものです。

本書では、まだ誰も答えを出していない課題を見つけ出し、何度も試行錯誤を繰り返しながら、あなたにしか出せない答えを導く方法について述べてきました。この方法は時間がかかるので一見非効率ですが、分析力と問題発見能力を着実に身につけることができるため、考える力を身につけ、創造性を伸ばすという観点から見ると、実は最も効率的なのです。

柔軟な思考ができる人は、一見関係がないと思われる物事の間に深い関連を見出したり、まったく違った分野の出来事をヒントにできたりします。そのようなことが可能なのは、常に一から自分の頭で考えることで、いろいろな情報を単なる知識ではなく知恵のレベルになるまで咀嚼しているからなのです。**知識を知恵に、インフォメーションをインテリジェンスへと進化させる思考回路がひとたび形成されると、自由自在の発想ができるようになり、思考がますます柔軟になっていく**ことが実感できるはずです。

推理小説やマジック、パズルでは、答えにたどり着くために必要な情報はあらかじめすべてそろっている約束になっています。ところが、それが分かっていても答えを出せないことがあります。解法が非常に鮮やかだったとき、私たちは感心します。

「その手があったか」

「なるほど、そう考えればいいのか」

場合によっては、

「もう少し考えれば分かったはず」

「どうしてその視点を持てなかったのだろう」

などと悔しい気分になるかもしれません。

私たちは、この答えのどこに鮮やかさを見出して、感心したり、悔しがったりするのでしょうか。この感動の源泉は、与えられている素材から問題の核心部分を見つけ出し、仮説を立て、検証し、答えへとたどり着く「道筋」の部分にあるのです。

これは日常生活でも同じです。どんな人でも、頭の中ではさまざまな「どうして？」や「なぜだろう」がいつもグルグルと渦巻いています。ただ、それを意識化するプロセスに違いがあるのです。

ぼんやりとした思考のなかにも、イノベーションにつながる重大な素材が含まれているかもしれません。しかし、そのような素材に出くわしても、たいていの人は素通りしてしまいます。世の中には、それ以外の情報もたくさんあふれています。大発見へとつながる種は意外と身の回りに存在しているにもかかわらず、「見れども見えず」で、私たちが意識的にその種を探そうとしないかぎり、発見の種を見過ごしてしまうのです。

「マニュアル力」を基礎として「考える力」を養い、自ら課題を見つけてそれを「諦めない人間力」で解決へとつなげるという地道な作業を積み重ねることによって、長距離ランナー型の強靭な思考力が身につくのです。それこそが「創造力」の源泉なのです。

答えの出ない苦しさを感じたら、ひらめきはすぐそこにきている

長時間答えの出ないテーマについて考え続けるのは、苦痛をともなう作業です。特に思考が行き詰まったり、新しい着想が得られない状況に追い詰められたとき、または何らかの成果を期限付きで求められるような状況になれば、その苦痛はなおさらでしょう。しかし、ここで投げ出すべきではありません。過去に起こったブレークスルーの多くは、このような行き詰まった局面で生まれ

たことが非常に多いのです。

１９８０年代から90年代にかけ、青色発光ダイオード（青色ＬＥＤ）の実用化は世界中の優秀な研究者たちがしのぎを削る重要なテーマでした。ＲＧＢ方式ディスプレイのカラー表示に必要な光の三原色（赤・緑・青）のうち、青だけがまだ実用化されていなかったからです。

当時、青色ＬＥＤ開発の最先端は、セレン化亜鉛（ZnSe）という物質を用いた研究でした。世界中の名だたる研究機関、大企業が莫大な予算を使ってこの物質の研究にしのぎをけずっていたのです。

その一方、日亜化学工業という中堅企業のエンジニアだった中村修二博士には、限られた予算しかありませんでした。そこで競争の激しい素材を避け、赤崎勇博士と天野浩博士が高純度の結晶化に成功していた窒化ガリウム（GaN）を選びます。実験装置を自作しての手づくりの研究はなかなか成果が出ず、会社から許されていた期限も過ぎてしまいました。そのうえ、海外の研究機関も窒化ガリウムの可能性に気づき、同じ素材を用いた青色ＬＥＤについての論文が発表されるようになります。

この敗色濃厚な段階になっても、中村博士は諦めませんでした。もっと実用的なものができるはずだと信じてトライ・アンド・エラーを徹底的に繰り返し、まさに首ギリギリのところで「ツーフローMOCVD」という画期的な青色LED実用化技術を誕生させせました。

考え続けるということは、言い換えれば「ひらめき」を待つということでもあります。そして、画期的なひらめきは問題意識が煮詰まったときに訪れるのです。一生懸命努力を重ねて行き詰まったとき、ピンチのときにこそ、ひらめきは近いのです。**危機的状況を「諦めない人間力」で打開できれば、イノベーション**は**間近**だと言えます。

苦しくとも、決して、諦めてはいけないのです。

子どもの「どうして？」に答えることで「考える力」を育てよう

本書でこれまで述べてきた「考える力」は、大人だけのものではありません。もちろん、子どもの「考える力」を育てるヒントにもなります。

子どもは好奇心に満ちています。子を持つ親なら、「どうして？」を連発されて困ってしまった経験があることでしょう。しかし、**子どもが「どうして？」と疑問を発したときは、子どもの「考える力」を育てる最大のチャンス**なのです。親が面倒くさそうな表情をして答えると、子どもはそれを感じ取ってもう自ら疑問を発しなくなり、子供の好奇心を知らず知らずに殺してしまうことになりかねません。それはあまりにもったいないと思いませんか？

逆に、子どもの「どうして」にうまく対処できれば、子どもの「考える力」はどんどん伸びます。そして、子どものときに身につけた「考える力」は、その子にとっての一生の財産になるのです。

子どもの「どうして？」にどう答えれば、「考える力」へと進化させることができるのでしょうか。子どもが「どうして？」と聞いたとき、**すぐに答えを与えるべきではありません**。答えを聞いた子どもはすぐに「分かった」と思ってしまい、関心は次の「どうして」に移ってしまうからです。これでは知識はつくかもしれませんが、「考える力」は養えません。

では、どう対応するべきでしょうか。それは、**子どもと同じ目線に立って一緒に考えてあげる**ことです。

たとえば、子どもに「アリは高いところから落ちてもどうして平気なの？」と聞かれたとしましょう。私なら「どうしてだろうね」と一緒に考えてみます。子どもが「他のモノは壊れちゃうのに、アリは大丈夫だったんだよ」と言うのなら、「じゃあ、トマトを落としてみようか」と提案し、トマトとアリを一緒に落としてみるかもしれません。また、いろいろな高さから落としてみるかもしれません。

このような実験を一緒に体験することで、高いところから落ちても大丈夫なもの、大丈夫じゃないもの、その条件などについて子どもと一緒に考えるのです。さらに、トマトと違ってアリは高いところから落としても平気だという「実験」をするかもしれません。

そのようにして、子どもと対話をしながら答えを一緒に考えるのです。同じ問題でも条件が違えば結果が異なってくるということを、実際に試してみることで子ども自身に発見してもらうという展開が最も理想的であると思います。このようにして、子どもは自らの体験を通じて物事の道理を発見する喜びを知るようになるのです。

この例から、子どもの教育にとって正解を与えることが重要ではないことがお分かりいただけると思います。好奇心にしたがって**自分の頭を働かせ、考えることが楽しいことだということを身をもって体験してもらう**ことが大切なのです。その喜びをひとたび覚えると、子どもは自分でいろいろと考えるようになるのです。

■子どもの「考える力」の育て方

正解を与えることは重要ではない。実際に体験することを通じて、子どもの目線で一緒に考えることが大切

子どもの「どうして？」で重要なのは、なぜその疑問を抱いたのかという部分です。そこには、「問題を見つける力」の種が宿っていますから、子どもが抱いた疑問を深める手助けをしてあげるのもいいでしょう。

「どうして、それを知りたいの？」

こんなふうに聞いて、子どもの視点に立って、一緒に真剣に考えるようにしてください。大人の感覚ではなく、**子どもの思考に合わせて共感しながら対話をする**ことが大切です。子どもは親が共感してくれていると感じるとうれしくなるものですから、このことは特に大切です。

このような対話の結果、子どもが出してきた答えがたとえ不正解であっても、気にしてはいけません。答えの成否が問題なのではなく、答えにたどり着くまでの推理力を身につける訓練をすることのほうが、「考える力」を育てるうえではるかに大切だからです。

「どうして?」を見つけ、自分で答えを探していくという行為は、考える力を育てる大切な一歩です。とりわけ、考えるということの喜びを体験することが重要です。はじめは小さな一歩かもしれませんが、何度も繰り返すと次第に本物の「考える力」へと育っていくのです。

大人の「どうして?」を大切にする

子どもは「どうして?」を繰り返しますが、大人はあまり言いませんね。しかし口には出さなくても、脳内では常に「どうして?」が渦巻いています。

「どうしてこんなに小さなマイクで音がクリアに拾えるのだろう」
「どうして今日に限って株価が急騰したのだろう」
「どうしてあの商品だけが売れているのだろう」

こうした疑問は、誰でも日常的に持つものです。大人は多くの知識・経験を持っていますから、子どもよりも奥の深い疑問を抱くことができます。

もし興味のあるテーマだったら、インターネットや専門書で少しは調べるかもしれません。詳しい知人に聞いてみることもありそうです。しかし、そこで知った情報だけでなんとなく納得して終わってしまっては、もったいないです。他人の意見や解説を知ったうえで、「本当にそうなのか」をもう一度自分で考えてみることで、「どうして?」を有意義な思考に育てることができます。

こうした思考法を**クリティカル・シンキング(critical thinking、批判的思考)**と言います。**目の前にある情報をそのまま受け取るのではなく、客観的かつ分析的に考える**というものです。**何気ない質問を対話へと進化させる**ことも重要です。

学生と接していると、ぼやっとした疑問を投げかけられることが多々あります。分からないこと、知りたいことが頭の中にたしかに存在しているのですが、それがまだ明確なカタチになっていないというケースです。

こういう質問に対して「何を言っているのか分からない」と叱りつけてはいけません。学生がそこで疑問を発することをやめてしまうからです。ここで聞き手に求められているのは答えではなく、学生の疑問を明確化する手助けをすることなのです。関心を持って耳を傾け、「それはこういうことですか?」とあなたなりの言葉に言い換えて投げ返すようにするといいでしょう。このやりとりを繰り返していくことで、相手はもちろんのこと、あなた自身のなかにもアイデアの種を生み出すことができます。

ちなみに、こうした日常の対話では、たとえ答えが分かってもそれをすぐに答えようとしないことも時には有効です。あえてとぼけた返答をしたり、逆に相手に質問することで、相手の思考が進み、疑問がクリアになることがあります。少しイジワルなテクニックですが、対話術の1つとして覚えておくといいかもしれません。

疑問に対する答えをただ調べるだけでなく、積極的に疑い、分からないことを楽しむ。会話のなかに潜んでいる誰かの疑問を一緒に考えてみる。こうした習慣をつけることで、大人ならではの会話を創造的な楽しみに変えることができるかもしれません。

失敗から得られるものと恐れない勇気

頭を振り絞って新しいアイデアを創造しても、その試みが成功する確率は100回に1回くらいでしょう。それでは残りの99回の試みはすべて無駄なのでしょうか。いいえ、そうではありません。**自分の頭で考え、そのうえで失敗体験を積むことは、大いなる前進**です。

まず、取り組んでいる課題のむずかしさ、解決の障壁となるポイントを具体的に理解できるようになります。これは多種多様なエラーを繰り返すことでしか得られない実践的な理解です。

また、成功体験だけでは、思考力はむしろ鈍ってくることが多いのです。失敗し、痛い思いや辛い経験を積むことで、物事を深く洞察できるようになり、セレンディピティは高まっていきます。セレンディピティは洞察力の高い人に訪れるのです。

失敗しない人はいません。表面上は成功の連続に見える人でも、実際は多くの失敗を重ねているものです。あるいは、失敗の芽を早期に察知し、リアルタイムに軌道修正しているのです。

本書で紹介した偉人たち、科学者も数えきれないほどの失敗やミスをしています。そのようなときには、彼らも、落ち込んだに違いありません。それでも諦めず失敗を真正面から受け止め、その原因を分析し、同じミスを繰り返さないよう細心の注意をはらい続けて、成功を手にしたのです。このように考えると、彼らは、数えきれない試行錯誤を繰り返すことができたからこそ、大発見を成し遂げられたと言えるかもしれません。

何事にも失敗を恐れずに挑戦しましょう。そして、**失敗してひどく落ち込んでしまったら、無理をし過ぎずしばらく休んでみるのも一手**です。しかし再び向き合うときのため、**失敗体験の要点を必ずメモに残しておいてください**。そうすることで失敗を成功への足がかりにすることができるのです。

それでも、思考の過程では「試行錯誤がすべて失敗に終わったらどうしよう」と不安に思うこともあるでしょう。もしかしたら、本当に解決に導くことのできないまま終わってしまうこともあるかもしれません。これは大変つらいことです。

たしかに失敗の事実を変えることはできません。それでも、その経験を今後の人生の重しにしてしまうか、それとも糧にするかは自らの意志で選ぶことができます。その人の心のもち方次第なのです。

世の中には、何世代もかかって初めて完成する大仕事も存在します。自分が生きている時代には完成しそうもない壮大な仕事を黙々とこなしている人には、偉大な精神が宿っていると思います。文化の継承とは結局、そういうものかもしれません。

私たち人間はみな考え、行動し、何度もつまずきながら思索を深め、この社会を築いてきました。人類が経験した膨大な試行錯誤のうえに、私たちは生かされているのだと言っても過言ではありません。

しかも、**常識は書き換えられるためにあります**。新しい時代を切り拓く常識は、私たちがつくらなければいけません。この歩みを止めるわけにはいかないのです。

新たな創造の時代を築くため、失敗を恐れず、さまざまな状況変化に対応できる「考える力」を鍛え、それを支える「諦めない人間力」を身につけるように日々努力を積み重ねていくべきでしょう。

本書がそのためのヒントになれば、幸いです。

おわりに

私が東京大学のフレッシュマンに行う授業の最初にいつも話すことに、「優秀さの3段階」という話があります。これらは「マニュアル力」「考える力」「創造力」であり、それぞれ高校、大学、大学院で問われる優秀さの尺度です。

高校、大学（学部）、大学院の各段階で優秀層の顔ぶれが大きく変わるのですが、私はその原因が優秀さの尺度の変化にあると考えています。高校までの暗記志向の強いマニュアル的学習が苦手でも、考えることが好きな学生がいます。そのような学生は、大学では高く評価されます。また、人から与えられた問題を解くことが苦手で学部の成績はよくありませんが、自分で問題をつくることが好きな学生がいます。そのような学生は、大学院では独創性があると見なされ、高く評価されます。

学生が本来持っている力を最大限発揮するためには、そのような評価基準の突然の変化に意識的に対処する必要があります。

「創造力」は「問題（課題）発見能力」と密接に関連しており、また、創造力を発揮するためには「考える力」があるだけでは不十分で、失敗にめげない「諦めない人間力」が必要です。社会で問われるのは結局、自ら課題を見出し、それを諦めずに解決に至るまでやり遂げる人間力であることを考えると、本書の内容は社会人の方にもヒントになることでしょう。

学生を指導していて感じるのは、意欲ある学生にとっては現在の優秀さはさほど重要ではないということです。どの学生にも必ず他の人にはない優れた持ち味があり、考える力も持っていながらその力が眠っているにすぎないのです。教員の役割はそれを引き出すということであり、この本で最もお伝えしたかったことは「考える力」の「引き出し方」なのです。

自ら課題を見つけるためには徹底した情報収集とその読み込みが必要で、その過程で情報から知恵とも呼ぶべきインテリジェンスを抽出したうえで、元の資料は捨てるというお話をしました。想定外の状況に直面したときに本当に役立つのは、マニュアルとしてのノウハウや知識ではなく、時々刻々と変化する状況に即応できる知恵なのです。不要になった知識を残しておくと自分の頭で自由に発想する妨げになるのです。

本書も、みなさんが自ら考えるヒントにしていただいたあとは、捨てていただければ幸いです。

著者紹介
上田正仁（うえだ　まさひと）
1963年、大阪市生まれ。東京大学大学院理学系研究科（物理学専攻）教授。専門は原子気体のボース＝アインシュタイン凝縮の理論的研究、および量子情報・測定・情報熱力学。1988年、東京大学理学系研究科修士課程卒、博士（理学）。NTT基礎研究所研究員、広島大学工学部助教授、東京工業大学教授等を経て、2008年より現職。2012年、2013年に東京大学駒場キャンパスの教養課程で「基礎方程式とその意味を考える」を開講。大学に入学したばかりの1、2年生を対象にこれから進むべき指針となる「人生の基礎方程式」を説き、自由闊達に質問が飛び交う対話形式の講義は心揺さぶられ、ためになる授業として大きな反響を呼んだ。

構成：古田 靖
本文イラスト：堀江篤史

この作品は、2013年7月にブックマン社より刊行されたものである。

PHP文庫　東大物理学者が教える「考える力」の鍛え方
想定外の時代を生き抜くためのヒント

2017年3月15日　第1版第1刷

著　者　上田正仁
発行者　岡　修平
発行所　株式会社ＰＨＰ研究所
東京本部　〒135-8137 江東区豊洲5-6-52
文庫出版部　☎03-3520-9617(編集)
普及一部　☎03-3520-9630(販売)
京都本部　〒601-8411 京都市南区西九条北ノ内町11
PHP INTERFACE　http://www.php.co.jp/
組　版　有限会社エヴリ・シンク
印刷所
製本所　共同印刷株式会社

 ISBN978-4-569-76688-1

PHP文庫好評既刊

インターネット的

糸井重里 著

インターネット的社会の未来像を示し、発刊から十余年を経て「予言の書」と称される名著の文庫化。巻末に「続・インターネット的」付き！

定価 本体六八〇円（税別）

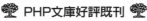

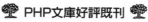

「知的野蛮人」になるための本棚

佐藤　優　著

何者かに騙されない、本物の教養を身につけるための読書案内。世の中の出来事を、自分の頭で読み解くコツを、当代随一の読書家が伝授。

定価　本体六八〇円（税別）

PHP文庫好評既刊

ちょっとした勉強のコツ

外山滋比古 著

集中して取り組む、自分をおだてる、反復する、時間を区切る……。毎日の生活の中で、勉強する仕組みを作るためのちょっとした工夫。

定価 本体五三三円（税別）